Alfred Hellmann

Disziplin für Faule
oder
Wie man es trotzdem schafft

Denen
die wollten,
wenn sie nur könnten.

Alfred Hellmann

Disziplin für Faule oder Wie man es trotzdem schafft

illustriert von
Isabelle Dinter

Die Deutsche Bibliothek – CIP-Einheitsaufnahme

Hellmann, Alfred :
Disziplin für Faule : oder Wie man es trotzdem schafft /
Alfred Hellmann . – Landsberg am Lech : mvg, 2001
  (mvg-Paperbacks ; 08838)
  ISBN 3-478-08838-0

© 2001 beim mvg-verlag im verlag moderne industrie AG & Co.
KG, 86895 Landsberg am Lech

Umschlaggestaltung: Felix Weinold, Schwabmünchen
Umschlagabbildung: Isabelle Dinter
Satz: Fotosatz H. Buck, Kumhausen
Druck- und Bindearbeiten: Ebner Ulm
Printed in Germany 08838/7014502
ISBN 3–478–08838–0

Inhalt

Inhalt

Warnung

Fleißige Menschen, die ihre Arbeit ohnehin bewältigen und hier nur eine Art Beschleuniger suchen, um noch schneller noch mehr zu leisten,
können durch das Lesen dieses Buches ernsthafte
Schäden erleiden und werden alle im Elend der
Pausenlosigkeit und des Hyperaktivismus enden.

Einleitung

Die Schmerzen der Faulheit
oder die Magie des Sofas

Ich begrüße Sie in diesem Buch und hoffe, dass es Ihnen nicht unaufgefordert geschenkt worden ist; wenigstens nicht von Wohlmeinenden, deren Absicht es ist, Sie zu erziehen oder zu belehren. Sollte das der Fall sein, hilft nur eins: Werfen Sie das Buch sofort weg.

Dieses Buch ist nichts für Sie.

Es ist auch nichts für diejenigen, die nach einem zwölfstündigen Arbeitstag fröhlich auf ihr Trimmrad steigen oder zwanzig Kilometer joggen, bevor sie die Wohnung putzen, mehrgängige Menüs zubereiten, die Wäsche waschen, den Hund kämmen, den Garten umgraben, die Bäume ausreißen, zwei perfekte Nutella-Kinder erziehen, einem Hobby nachgehen und sich dann so allmählich fragen, was sie heute mal unternehmen könnten.

Dieses Buch ist nichts für Sie.

Und dieses Buch ist auch nichts für die Kummerkundler und Jammertalbewohnerinnen, die unentwegt an Ihrem Unglück schmieden, während sie erzählen, dass sie ja etwas tun würden, wenn die anderen nicht so niederträchtig, das Wetter nicht so miserabel, die Umwelt nicht so vergiftet, die Gesellschaft nicht so ungerecht, der Alltag nicht so grau und ihre persönliche Misere nicht die größte weltweit existierende wäre.

Ich will Sie nicht mit rührseligen Berichten über heroische Leistungen langweilen, die Menschen vollbracht haben, deren Leben härter, deren Kindheit schrecklicher, deren Verluste größer und deren Intelligenz kleiner war als die Ihre.

Wenn Sie dieses Buch lesen, um zu beweisen, dass auch das nicht funktioniert, werden Sie nur eines mit Sicherheit erreichen:

Dass Sie Recht haben.

Sonst nichts.

Dieses Buch ist nichts für Sie.

Aber für wen ist es dann?

Nun – dieses Buch ist für Euch, liebe Brüder und Schwestern auf den Sitzkissen dieser Welt; für Euch faule Säcke und Säckinnen, die Ihr den Hintern nicht hochkriegt, aber hochkriegen müsst oder wollt, weil Ihr etwas zu tun habt, das getan werden muss.

Ihr seid nicht allein.

Faul sind viele.

Tausende hängen Tag für Tag in Sesseln und Sofas und denken an die Dinge, die sie tun müssten, aber nicht tun können.

Und nur wirklich antriebsarme Menschen kennen die Schmerzen der Faulheit. Jede Bewegung ist uns eine Qual, und vermutlich sind wir die Einzigen, die wirklich verstehen, was Schwerkraft bedeutet.

Auch geistige Arbeit ist uns ein Gräuel. Wir wissen, dass das Gehirn in Wahrheit ein großer Muskel ist, der weh tut, wenn man ihn benutzt.

Unser Leben ist nicht schön.

Wir finden es anstrengend, dass wir jeden Tag aufstehen müssen; vom Waschen und Zähneputzen ganz zu schweigen. Und dass wir uns danach nicht wieder ins Bett legen dürfen, um uns von diesen Belastungen zu erholen, erscheint uns ungerecht.

Aber die Vorstellung, nach alledem womöglich auch noch arbeiten zu müssen, ist für uns von so monströser Bösartigkeit, dass wir darüber den Verstand verlieren könnten.

Wir leiden.

Wir leiden bei der Vorstellung, die Dinge zu tun, die wir tun müssten. Wir leiden, weil wir sie nicht tun, wir leiden, weil das unsere Selbstachtung aushöhlt, und wir leiden, weil wir von unserem sozialen Umfeld bestraft werden, wenn wir nicht getan haben, was wir hätten tun sollen, aber nicht tun konnten.

Und leiden macht müde.

Und dann können wir erst recht nichts mehr tun.

Ein Teufelskreis.

Und was jetzt?

Was, wenn wir vor einer Aufgabe stehen – pardon – sitzen, die wir erledigen müssen?

Oder, vielleicht noch schlimmer: erledigen wollen?

Grämen Sie sich nicht.

Sie haben jetzt schon den ersten Schritt gemacht. Dieses Buch wird Ihnen helfen, die folgenden zu tun.

Sie werden es schaffen.

1. Autor und Absicht

Glaube nicht dem, der von weither kommt,
sondern dem, der von dort zurück kehrt!
Spanisches Sprichwort

So wie mir jemand, der nie ernsthaft geraucht hat, nichts Glaubwürdiges darüber erzählen kann, wie man es schafft, Nichtraucher zu werden, so kann mir ein fleißiger oder normal arbeitsfähiger Mensch nichts Glaubwürdiges darüber erzählen, wie ich es schaffe, meine Arbeit zu erledigen.

Es nützt mir ja nichts, wenn andere wollen, dass ich will.

Für den Fall, dass Sie ähnlich denken, möchte ich Ihnen versichern, dass die Tatsache, dass ich dieses Buch geschrieben habe, mich nicht als verkappten Arbeitssüchtigen entlarvt, sondern beweist, dass auch Faule etwas zustande bringen können.

Ich gehöre zu den Menschen, die sehr gut ohne Arbeit auskommen können. In der großen Konkurrenz der Nichtstuer, Nichtswoller und Nichtsmacher würde ich bei einem entsprechenden Wettbewerb einen Spitzenplatz ergattern. Immer, wenn meine Eltern während meiner unseli-

gen Schulzeit mit einem Lehrkörper sprachen, be-
kamen sie den gleichen Satz zu hören:

„Der ist nicht dumm, der ist unglaublich faul."

Daran hat sich nichts Wesentliches geändert.

Aber zusammen mit einem Freund habe ich,
ohne es recht zu bemerken, ein Konzept entwickelt, das uns befähigt, trotzdem zu arbeiten.

Und darum geht es: Trotzdem zu arbeiten.

Natürlich sollte ich an dieser Stelle zuerst einmal behaupten, dass *Disziplin für Faule* der einzige,
beste und wirksamste Ratgeber ist, den man sich
nur vorstellen kann, und dass die Lektüre dieses
Buches einen Lern- und Lebensänderungseffekt
auslöst, der nicht nur Lahme gehen und Lahmär-
sche arbeiten lässt, sondern Sie auch reich und
glücklich macht, fröhlich, gesund und bildschön –
kurzum zu neuen Menschen, oder doch auf jeden
Fall: zu fleißigeren Menschen.

Nun ja.

Ich denke, dass diese Methode unkompliziert
ist und bei den meisten Menschen funktioniert.
Ich denke, dass sie Ihnen helfen wird, Ihre Arbeit
zu erledigen.

Mein Minimalziel ist es, Sie zu unterhalten. Sie
sollen sich, solange Sie dieses Buch lesen, amüsie-
ren oder zumindest einigermaßen wohl fühlen.

Das ist vielleicht ein geringer Anspruch, aber
ich habe die Erfahrung gemacht, dass von
Büchern dieser Art oft nur wenig haften bleibt.

Man quält sich durch die Seiten, auf der Suche nach der seligmachenden Wahrheit, und hat am Ende vergessen, worum es am Anfang ging. Manche dieser Bücher nutzen, manche nicht; einige nur so lange, wie man das Buch in der Hand hält und sich mit dem oder der verwechselt, der oder die das geschrieben hat. Doch das Meiste geht verloren.

Und deswegen würde es mich schon freuen, wenn Sie sich später wenigstens daran erinnern würden, dass Sie sich während des Lesens amüsiert oder wohl gefühlt haben.

Mein Maximalziel ist natürlich ein anderes.

Ich möchte Sie in die Lage versetzen, Ihre Aufgaben zu erledigen und Ihre großen Ziele zu erreichen. Ich habe hier nicht das Rad neu erfunden, aber ich glaube, dass Sie Ihre Ziele mit Hilfe dieses Buches erreichen können.

Natürlich habe ich mich der Unterstützung einiger Fachleute versichert, um zu vermeiden, dass meine Vorschläge Sie in den Wahnsinn treiben. Dabei erfuhr ich, dass sich „mein System" aus in der Psychologie und Pädagogik zum Teil durchaus bekannten und erprobten Methoden zusammensetzt, was allenfalls meinem Ego, nicht aber der Sache selbst Abbruch tut.

Und bevor irgendein hyperaktiver Schlaumeier – also jemand, der dieses Buch illegalerweise liest – es moniert, gestehe ich es selbst ein:

So wie kaum jemand einer alten Frau über die Straße helfen kann, ohne dabei auch daran zu denken, was für ein edler Mensch er doch ist, so kann natürlich auch niemand ein Selbsthilfebuch schreiben, das nicht auch ihm selbst helfen soll – geistig, seelisch und materiell.

Wohl wahr.

Aberrrrr:

Wenn es auch Ihnen helfen kann, warum sollten Sie es nicht versuchen? Ich habe meinen Spaß gehabt, und das Geld behalte ich auf jeden Fall. Also können Sie nur noch das Beste für sich daraus machen.

Durchbrechen Sie den Teufelskreis.

Und lassen Sie mich Ihr Exorzist sein.

2. Ziele und Aufgaben

> Dass die Gedanken frei sind heißt nicht,
> dass man nicht hin und wieder einen
> zu fassen kriegt.
> *Cornelia Gertz*

Es geht in diesem Buch vor allem um diejenigen, die eine klar umrissene Aufgabe vor sich haben, aber nicht wissen, wie um alles in der Welt sie die bewältigen sollen, und deren aktueller Lösungsversuch darin besteht, mit voller Kraft auf der Stelle zu treten – natürlich ohne sich dabei aus dem Sessel zu erheben.

Gelegentlich wird auch die allgemeine Faulheit „behandelt", aber hauptsächlich geht es um die jeweils aktuelle Arbeit. Natürlich kann eine bewältigte Aufgabe Ihnen Mut und Kraft für weitere Aufgaben geben, und natürlich kann es sein, dass mehrere bewältigte Aufgaben Sie zu einem allgemein fleißigeren Menschen machen – muss aber nicht.

Wir wollen hier kleine Brötchen backen und lernen, einen Schritt nach dem anderen zu machen, ohne uns dabei selbst im Weg zu stehen.

Es geht um die jeweiligen Aufgaben.

Wenn es zum Beispiel Ihr Ziel ist, einen bestimmten akademischen Grad zu erwerben, könnte Ihre aktuelle Aufgabe darin bestehen, sich auf die mündliche Prüfung vorzubereiten oder eine schriftliche Arbeit zu erstellen.

Wenn es Ihr Ziel ist, Ihre Steuererklärung abzugeben, könnte Ihre Aufgabe darin bestehen, die Quittungen zu sortieren.

Wenn es Ihr Ziel ist, Rennfahrer zu werden, könnte Ihre Aufgabe darin bestehen, den Führerschein zu machen.

Und falls Sie kein Ziel haben, sondern nur ganz allgemein faul sind, es aber nicht mehr sein wollen, dann sollten Sie sich für *einen* Bereich entscheiden und sich zunächst nur mit dieser einen Aufgabe beschäftigen.

Nehmen Sie etwas Überschaubares: die Wohnung in Ordnung halten, regelmäßig die Wäsche waschen oder die Fenster putzen, Sport machen, ein Instrument oder eine Sprache erlernen – und so weiter.

Falls Sie glauben, dass es sinnvoll ist, können Sie Ihre aktuelle Aufgabe auf der nächsten Seite eintragen, oder in einen Block oder ein Tagebuch schreiben.

Am besten sollte es eine Stelle sein, die Sie immer wieder sehen: Sie können Ihre Aufgabe in die Wand meißeln, sie in Ihren Schreibtisch schnitzen oder ein Bild dazu malen oder – falls Sie einen entsprechend ausgerüsteten Computer benutzen – sie als Bildschirmschoner einrichten.

Sie sollten Ihre Aufgabe jedenfalls in irgendeiner Variante festhalten. Zum Beispiel hier …

… und jetzt:

Meine Aufgabe ist:

_____

_____

_____

_____

_____

_____

_____

_____

_____

_____

_____

_____

_____

Ja, puh.

3. Die Faulheit

Nichts zu tun
ist die Bestimmung
der Erwählten.
Oscar Wilde

Faul ist ein Mensch, der abgeneigt ist, zu arbeiten, sich zu bewegen, sich anzustrengen – sagt sinngemäß der Duden. Faul verbindet man auch mit Adjektiven wie: träge, arbeitsscheu, tatenlos, untätig, müßig, bequem. Wenn wir dann noch eine Zitatensammlung hinzuziehen, brauchen wir uns über unser gesellschaftliches Ansehen keine Illusionen mehr zu machen. Das Gesamtergebnis lautet etwa so:

Wir sind arbeitsscheue Versager, die dem Herrgott die Zeit stehlen und sie dann auch noch totschlagen.

Außerdem stinken wir vor Faulheit.

Und: „ein Faulpelz ist des Teufels Kopfkissen".

Denn die Sünde ist auch faul.

Und wenn wir nicht gerade auf der faulen Bärenhaut liegen, dann gehen wir müßig oder legen die Hände in den Schoß und drehen Däumchen. Manchmal stehen wir auch herum wie Arbeiterdenkmäler, und in phonetischem Zusammenhang mit dem „foul" auf dem Fußballfeld, sowie mit Obst und Gemüse, das sein Verfallsdatum überschritten hat – zauberhafterweise ohne sich dafür bewegen zu müssen.

Das wiederum kann uns egal sein, weil wir ohnehin nichts bekommen, denn: „So jemand nicht will arbeiten, der soll auch nicht essen" (2. Thess. 3, 10).

Das führt unweigerlich zum tragischen Höhepunkt:

„Der Faule stirbt über seinen Wünschen, denn seine Hände wollen nichts tun" (Spr. Salom. 21, 25).

So.

Da haben wir den Salat. Immerhin.

Faulheit ist nicht nur sündhaft, Faulheit ist tödlich. Und wir sind auch noch selbst schuld!

Für unsere Umwelt sind wir charakterlos und asozial – eigentlich keine richtigen Menschen, jedenfalls keine wertvollen. Und für die Folgen tragen wir selbst die Verantwortung.

Und das ist keine alttestamentarische, sondern eine durchaus aktuelle Ansicht, wie der Ausspruch eines amerikanischen Schönheitschirurgen namens Lewis Feder belegt:

„Armut ist Gottes Art und Weise, einem mitzuteilen, dass man nicht hart genug arbeitet" (Die Zeit Nr. 9/1999).

Nun ja.

Vielleicht ist diese Aussage Gottes Art und Weise einem mitzuteilen, dass Fleiß nicht zwingend mit Intelligenz einhergeht.

Aber das soll uns nicht abschrecken.

Beschäftigen wir uns jetzt mit den Grundsatzfragen der Faulheit, wie zum Beispiel mit dieser:

Was spricht für die Faulheit?

Wer eine Aufgabe bewältigen oder gar seiner grundsätzlichen Faulheit zu Leibe rücken will, muss sich darüber klar sein, dass er oder sie nicht nur etwas zu gewinnen, sondern auch etwas zu verlieren hat. Deswegen müssen wir uns vorher die Frage stellen, was für die Faulheit spricht.
Zum Beispiel:

- Faulheit ist das beste Mittel gegen frühzeitige Invalidisierung durch unkontrollierte Arbeitssucht.
- Faule haben eine wichtige wirtschaftliche Funktion. Sie nutzen Liege- und Sitzgelegenheiten ab – und damit dienen sie der Möbelindustrie.
- Faule haben eine ausgleichende soziale Funktion. Sie bringen Ruhe und Gelassenheit in diese hektische Welt.
- Faule sind cool und lässig. Fleißige sind spießig.
- Faule sind genügsam. Sie stören niemanden mit immer neuen Vorschlägen zu Freizeit und Arbeit. Sie scheuen jede Mühe – auch die, sich in den Vordergrund zu spielen.
- Faulheit ist Luxus. Und Luxus ist Komfort. Und beides steht in hohem Ansehen.

- Faule sind frei. Faule sind revolutionär. Faule kämpfen auf ihre Art gegen die zerstörerische Leistungsgesellschaft.
- Faule beherrschen die vom Aussterben bedrohte Fähigkeit des Müßiggangs.
- Faule sind tolerant, sie maßregeln ungern, gönnen jedem das seine – und jeder das ihre.
- Faule haben weniger Verschleißerscheinungen an Körper und Geist, da sie ihr Gehirn und ihren Bewegungsapparat weniger benutzen.
- Faule rennen nicht vor sich selber weg, indem sie sich in Arbeit flüchten.

Das ist natürlich nur eine kleine Auswahl möglicher Argumente, und wahrscheinlich fallen Ihnen noch weitere ein, die Ihnen vor Augen führen, dass es noch nicht zu spät ist, sich zur Faulheit zu bekennen und die Arbeit Arbeit, den Herrgott einen guten Mann und auch sonst so einiges sein zu lassen.

Vielleicht sind Sie gar nicht faul?

Nicht alle, die sich so vorkommen oder von anderen so gesehen werden, sind wirklich faul. Es gibt auch Leute, die einfach nichts auf die Reihe kriegen – und das, obwohl sie ununterbrochen etwas tun. Sie tun halt nur immer das Falsche oder bringen nichts zu Ende. Diese Menschen sind nicht faul, sondern schlecht organisiert, haben Konzentrationsstörungen oder glauben nicht an sich. Und damit bietet sich noch eine weitere Möglichkeit, sich der drohenden Arbeit zu entziehen:

Vielleicht sind Sie gar nicht faul?

Vielleicht liegt es an Ihrem Blutdruck?

Vielleicht leiden Sie unter Eisenmangel?

Vielleicht hat Sie bei Ihrem letzten Urwaldabenteuer die Tsetsefliege gestochen – und jetzt haben Sie die Schlafkrankheit?

Vielleicht liegt es auch an der Konstellation der Sterne?

Vielleicht sind Sie sogar eine Inkarnation des Buddha?

Ja, möglicherweise ist das, was wie herumsitzen aussieht, in Wahrheit Meditation? Vielleicht transzendieren Sie unermüdlich vor sich hin und wissen vom Nichts? Vielleicht erwachen Sie morgen aus Ihrer scheinbaren Lethargie und sind erleuchtet? Denn, wie Sie wissen oder nicht wissen, kommt das Wort Buddha aus dem Sanskrit und heißt eben dies: der Erwachte, der Erleuchtete. Und Siddharta Gautama erhielt diesen Ehrentitel auch erst nachdem er sieben Jahre unter einem Feigenbaum herumgesessen hat. Geboren wurde er allerdings als Sohn eines Fürsten und lebte lange Zeit im Luxus – war also mithin: stinkfaul. Und nach buddhistischer Anschauung ist die Reihe der Buddhas in Vergangenheit und Zukunft unendlich. Also – wer weiß? Vielleicht sind Sie es?

Aber da sollten Sie sich schon sehr sicher sein. Andernfalls gilt womöglich ein Spruch von Karl Kraus:

„Die stärkste Kraft reicht nicht an die Energie heran, mit der manch einer seine Schwäche verteidigt."

Falls Sie also keine Krankheit, keinen Feigenbaum oder keine sieben Jahre Zeit oder selbst danach noch keine Erleuchtung haben, sind Sie wohl doch ganz einfach faul.

Ja, tut mir leid.

4. Das Müssen und das Wollen

> Kein Mensch will etwas werden,
> ein jeder will schon etwas sein.
> *Johann Wolfgang von Goethe*

Um an die Arbeit gehen zu können, bedarf es mindestens einer von zwei elementaren Voraussetzungen, die ich hier der Einfachheit halber getrennt darstelle, obwohl sie eigentlich eng miteinander verwoben sind.

Die eine ist: Das Müssen.

Die Idee, etwas tun zu müssen, empfinden wir Faulen allerdings als Zumutung, die unseren Freiheitsdrang weckt und unseren Widerspruchsgeist erregt. Wir müssen nämlich schon mal gar nichts, und wir lassen uns nicht … – und so weiter.

Andererseits erleichtert so ein Müssen, sei es aus äußerem oder innerem Zwang, die Entscheidung, tatsächlich etwas zu tun, ungemein. Deswegen sollte es uns – in diesem Fall und ausnahmsweise – eher freuen als ärgern, wenn wir müssen. Denn ohne eine starke Motivation geht gar nichts.

Das gilt auch für die zweite mögliche Voraussetzung:

Das Wollen.

Wenn Sie nicht unbedingt müssen, müssen Sie unbedingt wollen.

Sie müssen wissen, was Sie wollen und vor allem: dass Sie wollen – ohne jeden Konjunktiv, und ohne: eigentlich, vielleicht, ein bisschen, irgendwie und wenn und aber.

Es genügt nicht, jemand sein zu wollen, der ein bestimmtes Diplom besitzt. Vorher müssen Sie jemand sein wollen, der für dieses Diplom arbeitet.

Wenn Sie ein Ziel nur *irgendwie* und *eigentlich* oder *vielleicht* erreichen wollen und am liebsten *nur ein bisschen* dafür arbeiten würden, dann können Sie es gleich vergessen. Dann sind Sie vielleicht nicht mal faul, sondern haben bloß die falsche Idee von dem, was und wer Sie sein sollten.

Nur wenn Sie etwas unbedingt wollen oder müssen – sei es, weil Ihr Ehrgeiz brennt, weil Sie sonst keinen Führerschein oder keine Berufsausbildung haben, weil in einer Woche der letztmögliche Prüfungs- oder Abgabetermin ist, haben Sie überhaupt eine Chance.

Es sei denn, Sie haben sich in die Vorstellung verliebt, es nicht zu können und suchen einen Weg, sich zu trauen. Dann kriegen Sie jetzt ein paar Oma-Sprüche um die Ohren:

Es gibt Dinge, die muss man tun, auch wenn man sie nicht tun zu können glaubt.

Es gibt Dinge, die muss man tun, auch wenn alle anderen glauben, dass man sie nicht tun kann.

Es gibt sehr viele Dinge, die man erreichen kann, wenn man will.

Und es gibt Dinge, die unerreichbar sind, egal, wie sehr man auch will. Und natürlich ist es ein Jammer, festzustellen, dass man etwas nicht schaffen kann – aber es ist eine Katastrophe, es nicht wenigstens versucht zu haben, falls auch nur der Hauch einer Chance bestand.

Entscheiden Sie sich.

Und noch eins:

Wenn Sie denken, dass Sie nicht ausreichend wollen oder müssen, und dass sich dergleichen nicht künstlich erzeugen lässt, dann bitte ich Sie, noch nicht aufzugeben.

Ich will Ihnen das Gegenteil beweisen.

5. „Plöpp" oder Wie man es nicht schafft

> Alle Räder stehen still,
> wenn dein starker Arm es will.
> *G. Herwegh*

Faul zu sein ist anstrengend. Faul zu sein ist viel anstrengender als „Normalfleißige" es sich vorstellen können. Die Wahrheit ist nämlich: Wir Faulen arbeiten ununterbrochen. Tagtäglich leisten wir Schwerstarbeit bei der Erschaffung und Stabilisierung außerordentlich komplexer Flucht- und Vermeidungssysteme.

Aber nimmt das jemand zur Kenntnis?

Belohnt uns irgendwer dafür?

Belohnen wenigstens wir selbst uns dafür?

Nein.

Wir schämen uns.

Die anderen beschimpfen uns.

Wir leiden.

Die alte Leier.

Stellen wir uns dem Problem: Wie schaffen wir es, es nicht zu schaffen? Wie kriegen wir es immer wieder hin, dass es nicht klappt?

Ich will versuchen, ein paar Elemente dieser Flucht- und Vermeidungssysteme zu beschreiben.

Vielleicht erkennen Sie ja das eine oder andere wieder.

Warum bin ich faul?

Für die meisten Faulen kommt der Tag, an dem ein plötzlicher Energieschub die Frage nach dem Warum aufwirft.

Warum bin ich faul?

Woher kommt das?

Wieso ich?

Eine Antwort:

Sie hatten niederschmetternd fleißige Eltern, die sich ein Leben lang abgerackert haben und dann tot umgefallen sind. Daraus haben Sie bewusst oder unbewusst die Konsequenzen gezogen. Verständlich. Denn trotz aller sozialen Ächtung der Faulheit – so gesund wirkt unsere Gesellschaft auch wieder nicht, dass diejenigen, die sich ihrem mörderischen Tempo nicht anpassen können oder wollen, unbedingt die Kranken sein müssten.

Oder: Sie hatten niederschmetternd faule Eltern, die ihr Leben lang keinen Schlag getan haben – und das haben Sie ererbt oder erworben.

Oder: Sie hatten niederschmetternd liebevolle Eltern, die Ihnen – mit Verlaub – den „Hintern nachgetragen" haben, so dass Sie jetzt als Erwachsener ziemlich dumm dastehen und sich entweder eine entsprechende Partnerschaft suchen oder lernen müssen, ihn selbst zu tragen.

Oder: Sie hatten niederschmetternd fordernde Eltern, die Sie selten unterstützten und oft kritisierten, so dass Sie erst gar nicht lernen durften, Arbeit in vernünftigem Maß zu verrichten und die damit verbundene Befriedigung kennenzulernen. Wenn Sie also als Kind dafür gescholten wurden, dass Sie den Rasen nicht perfekt gemäht, schulische Bestleistung nicht erbracht, Weltmeisterschaften nicht gewonnen und auch die Relativitätstheorie nicht erfunden haben, dann sind Sie möglicherweise sehr folgerichtig zu dem Schluss gekommen, dass es sich einfach nicht lohnt – was auch immer „es" ist.

Aberrrrr:

Es kann auch sein, dass nichts von alledem auf Sie zutrifft – und trotzdem sind Sie ‚faul wie Dreck'.

Damit will ich sagen, dass es zwar nachvollziehbar ist, sich diese Frage zu stellen, eventuelle Antworten aber für unseren Zweck ziemlich unerheblich sind, zumal uns die Suche danach sehr schön von unserer eigentlichen Arbeit ablenken kann.

Wichtig ist nur, dass wir etwas tun.

Der Faulheitsreflex

Der Faulheitsreflex ist eine grundlegende, vorwiegend verbale Abwehrreaktion, die uns mit der Geschwindigkeit eines explodierenden Airbags vor dem Zusammentreffen mit einer auf uns zu kommenden Arbeit schützen soll.

Zur Erläuterung ein paar Beispiele aus meinem
Alltag:

„Könntest du bitte …?"
„Nein!"

„Weißt du, wo …?"
„Nein!"

„Hast du vielleicht …?"
„Nein!"

„Sollen wir …?"
„Nein!"

Was heißt das? Ganz einfach: Ich will weder den
Müll runterbringen noch zugeben, dass ich auf
der Fernsehzeitung sitze und mich schon gar nicht
bewegen, um einen Kugelschreiber zu holen oder
um einen Beischlaf zu vollziehen.

Wie Sie sehen, ist der zentrale und bestimmen-
de Moment des Faulheitsreflexes ein lautstarkes
„Nein!", das mit tödlicher Sicherheit und nano-
sekündlicher Reaktionszeit hervorschießt, bevor
der Fragesteller die Gelegenheit hat, sich mit der
Möglichkeit einer positiven Antwort anzufreun-
den. Mein Ziel ist es, den Inhalt der Frage erst gar
nicht zu mir durchdringen zu lassen, um die Un-
lustgefühle zu vermeiden, die sich schon beim

bloßen Gedanken an irgendeine Aktivität einstellen würden.

Bedauerlicherweise können einige Leute mit einem klaren „Nein" nicht umgehen. Viele Menschen, die ich mit einer solchen, im Gegensatz zur allgemeinen Geschwätzigkeit dieser Zeit doch erfreulich klaren und eindeutigen Antwort beglücke, machen gekränkte Mienen und sehen mich an, als würde ich lügen.

Aber jetzt frage ich Sie: Kann ein Reflex lügen?

Und da ich keine Zeit habe, auf Ihre Post zu warten, antworte ich gleich selbst: Nein, natürlich nicht!

Diese Menschen haben einfach eine krankhaft niedrige Frustrationsschwelle und wollen nicht begreifen, dass es sich hier um einen Affekt handelt, für den mir mindestens soviel Nachsicht gebührt, wie jemandem zugebilligt wird, der einen anderen Menschen ohrfeigt, weil der ihm beispielsweise ein Glas Wasser ins Gesicht gegossen hat. Denn bekanntermaßen wird die Ohrfeige juristisch nicht geahndet, solange der Begossene unverzüglich zuschlägt. Genau so ist es in meinem Fall.

Und ich habe weder die Zeit noch die Energie, jedem dieser Fragesteller zu erklären, dass ich – durch tägliches Training gestählt – auf einem völlig anderen, nämlich professionellen Niveau reagiere. Wenn Sie einem Berufsboxer Wasser ins Gesicht schütten, dürfen Sie sich auch nicht wundern, wenn Sie in den nächsten Wochen ihr Frühstück aus der Schnabeltasse zu sich nehmen müssen.

Mittlerweile verfüge ich jedenfalls über ein großes Repertoire dieser faulheitsbedingten Reflexe, die sich natürlich auch nonverbal ausdrücken können, etwa mit heftigem Kopfschütteln, plötzlicher Bewusstlosigkeit, akuten Schreikrämpfen, Sekundenschlaf, Scheintod, atonalem Gesang, und so weiter.

Trotzdem habe ich mich schweren Herzens entschlossen, mich von meinen Faulheitsreflexen zu trennen; nicht nur, weil ich wieder Freunde haben möchte, sondern weil die Faulheitsreflexe mich bei der Erfüllung meiner Aufgabe behindern. Denn mein allgemeines und allgegenwärtiges „Nein!" schallt ja nicht nur den anderen, sondern immer auch mir selbst entgegen. Ich habe die Erfahrung gemacht, dass eine zu große Ansammlung von inneren –Neins' auf die Dauer schlicht demotivierend ist.

Falls Sie über ähnliche Reflexe verfügen und eine Änderung ins Auge fassen, sollten Sie wissen, dass das keine leichte Sache ist. Gerade zu Anfang ist es daher wichtig, sich selbst minutiös zu beobachten, um herauszufinden, wann die Reflexe auftreten.

Reicht es, wenn mich eine Person ansieht? Oder ansehen könnte? Warte ich, bis sie versucht, das erste Wort ihres Begehrens zu formulieren oder springe ich ihr gleich ins Gesicht?

Wenn ich genügend Informationen habe, kommt der nächste Schritt: Ich muss üben, anders zu reagieren, was – je nach Reflex – meist den Versuch der Unterlassung oder Umkehrung erfordert. Meine persönliche Lieblingsübung bestand darin, mein grundsätzliches „Nein!" durch ein grundsätzliches „Ja!" zu ersetzen.

Das war natürlich fürchterlich und hatte zur Folge, dass ich dauernd den Müll runterbringen, den Hintern heben, Kugelschreiber holen und mich auch sonst in vielfacher Hinsicht betätigen musste.

Insgesamt war diese Form des Ja-Sagens aber ein durchaus interessantes Experiment, weil es ein für mich völlig unbekanntes Verhalten repräsentierte. Ich habe viele neue Freunde gefunden und die Nachbarn grüßen mich wieder.

Im Ernst: Faulheit macht faul. Das Leiden ist kleiner und kürzer, wenn ich mich nicht lange wehre und die Dinge, die ich ohnehin tun muss, sofort, oder doch sehr bald tue – ohne mir lange auszumalen, wie anstrengend das werden könnte.

Das Aufspüren und Ändern der Faulheitsreflexe, wie immer sie im Einzelnen auch aussehen mögen, ist ein gutes Training und eines der großen Abenteuer, die man mit sich selbst erleben kann. Man muss sich nur entscheiden, einfach et-

was ganz Ungewohntes zu tun: zum Beispiel einfach mal „Ja!" zu sagen – und die Konsequenzen
zu tragen.

Die wilde Begeisterung

Eine weitere, etwas verstecktere Methode, es nicht zu schaffen, ist *Die wilde Begeisterung*. Ich kenne sie vor allem aus der Perspektive eines Schreibenden, aber sie lässt sich auch auf andere Bereiche übertragen, und vielleicht haben auch Sie schon ihre Bekanntschaft gemacht.

Die wilde Begeisterung ist ein Gemisch aus plötzlichem Adrenalinschub und akutem Größenwahn. Sie treibt uns zuerst zu vermeintlicher Höchstleistung, dann in den Wahnsinn, und hinterlässt schließlich einen Kater, für den man sonst wochenlang trinken müsste.

Bei mir zeigt sie sich so:

Es ist ein Tag wie jeder andere. Ich sitze exzessiv in der Ecke und mache ein arbeitsscheues Gesicht. Alles ist ganz normal. Tage, Wochen und Monate sind ins Land gegangen, ohne dass ich einen Finger oder sich etwas unter meiner Schädeldecke gerührt hätte. Aber dann passiert es. Ganz plötzlich, ohne jede Vorwarnung, trifft es mich aus heiterem Himmel:

Ich habe eine Idee!

Oh mein Gott!

Ich habe eine Idee!

Ich habe eine wundervolle, geniale, ganz und gar grandiose, noch nie dagewesene, weltbewegende,

fantastische Idee! Ich gehe los wie eine Silvester-
rakete, ich rase, ich renne, ich fliege; mein Licht
strahlt in der Nacht, hell, bunt, wunderschön!
Schon sehe ich mich im Smoking, auf den Bühnen
dieser Welt, unter gleißenden Scheinwerfern, be-
jubelt von der Menge, und ungefähr an der Stelle,
wo all diese Frauen mir die Klamotten vom Leib
reißen, während ein steifbrüstiger Herr versucht,
mir den Nobelpreis aufzudrängen, macht es
„Plöpp!" – und die Idee zerfällt zu Asche.

Ich stehe im Hemd, in der Wüste, im Wald, im
Dunkeln. Im kalten Endzeitlicht krümmt sich meine Idee im Staub – winzig, hässlich, banal, dumm.

Asche.

Ich bin beleidigt.

Ich gehe zurück in meine Ecke.

Wozu aufstehen?

Wozu arbeiten?

Wozu meine Aufgabe erledigen?

Klappt ja doch nicht.

Und so weiter.

Die wilde Begeisterung bietet keinen ausreichenden Brennstoff für den langen Weg, der vor uns
liegt. Sie hinterlässt nur Frustration, den Eindruck,
dass es sinnlos ist, sich überhaupt an die Arbeit zu
machen – oder die fatale Hoffnung, dass sie uns
morgen vielleicht wieder packen und dann über
die ganze Strecke tragen könnte. Aber darauf warten Tausende von Menschen – ihr Leben lang.

Wir haben einen Marathon vor uns; also sollten wir nicht losrennen wie bei einem Hundertmeterlauf.

Natürlich kann und wird uns die Arbeit auch (mal) Spaß machen. Aber das ist nicht ihr Zweck, sondern ein Nebeneffekt – ein Geschenk. Fügt sich das in ein kontinuierliches Tun, ist es inspirierend und spendet Kraft. *Die wilde Begeisterung* jedoch – verpufft, hohl und kraftlos wie ein Furz im Weltall.

Das „Wenn …"

Es gibt sehr wenig, woran mehr Menschen scheitern, als am großen „Wenn". Es ist das Königswort
des Nichttuns und des Versagens.

„Wenn das Wörtchen ‚wenn' nicht wär – wär
mein Vater Millionär" – so klang das auch in meiner Kindheit. Ich habe durchaus verstanden, was
man mir damit sagen wollte, aber trotzdem ist dieses ewige „Wenn" nie aus meinem Bewusstsein
verschwunden.

Denn obwohl ich längst „groß bin", meine erste Freundin, meinen Führerschein, mein erstes
Auto, mein erstes eigenes Geld und so weiter hatte, schiebe ich eine Bugwelle immer neuer
„Wenns" vor mir her.

Wenn ich erst …, dann werde ich …

Wenn ich nicht …, dann würde ich …

Blablabla.

Natürlich brauchen wir Ziele, aber wenn mein
Vater nun mal kein Millionär ist, und keine Wahr-
scheinlichkeit besteht, dass er einer wird, oder ich
einer werde, ist es sinnlos, dergleichen zur Bedin-
gung zu machen oder Versprechungen daran zu
knüpfen.

Das gilt natürlich gleichermaßen für sämtliche
Wünsche bezüglich des Alters, des Aussehens, der
Intelligenz – oder auch nur der persönlichen

Tagesform. Ich habe nur die eine Möglichkeit: das Beste aus mir zu machen und mich so zu nehmen, wie ich heute bin. Das klingt banal, ist aber trotzdem wahr. Jedenfalls habe ich noch niemanden getroffen, der durch sein ewiges „Gewenne" jünger, schöner oder klüger geworden wäre. Und gute Laune kriegt man davon auch nicht.

Abgesehen von den „harten Wenns", also etwa den temporalen: „Wenn der Gips ab ist, werde ich joggen gehen", und einigen konditionalen: „Wenn er das Doppelte bietet, gehe ich in Rente", dienen die meisten „Wenns", „Falls", „Soferns", „Woferns" und Artverwandten bloß der Aufschiebung oder Verhinderung eines Tuns – in Situationen, in denen getan werden müsste.

Und darum geht es.

Es geht um das Tun – und zwar keineswegs dann, wenn die Zeit oder sonst etwas oder jemand reif ist, sondern jetzt.

Jetzt. Jetzt. Jetzt.

Das ist schon die halbe Miete.

Die Idee es zu tun, es *jetzt* zu tun – was immer es ist – nicht erst nach dem Essen, oder wenn der Regen aufhört, oder wenn Gott will, oder die Migräne weg ist, oder die Hähne krähen, oder die Katze aus dem Haus ist oder ein Wunder geschieht oder ich im Lotto gewonnen habe.

Jetzt! Jetzt! Jetzt!

Immer jetzt.

Es tut später nicht weniger weh. Wir haben nur mehr Zeit, uns davor zu fürchten – und so den Qualen der eigentlichen Arbeit auch noch die der Befürchtung und Übertreibung hinzuzufügen.

Jetzt!

Ohne „Wenn" und „Aber".

Auch wenn's schwer fällt.

Die hohe Kunst der Ausrede

Naturgemäß richtet sich unser Ehrgeiz eher darauf, die bestmögliche Ausrede abzuliefern, als die bestmögliche Arbeit. Ich könnte seitenweise Erklärungen aufzählen, die ich immer wieder vorbringe, obwohl ich sie mir nicht einmal selbst glaube. Und Sie könnten vermutlich noch ein paar Seiten hinzufügen. Natürlich wissen wir, dass die meisten dieser Ausreden „faul" sind und nur dem Zweck dienen, drohende Anstrengungen zu vermeiden. Gleichzeitig sind diese Ausreden aber Zeichen unserer spezialisierten Kreativität und somit lobenswert.

Problematisch wird es erst, wenn man sich dazu entschließt, wozu wir uns entschlossen haben: uns unserer Aufgabe hinzugeben, also unsere Arbeit zu erledigen. Denn dann müssen wir auch etwas gegen unsere Ausreden unternehmen. Und das ist nicht immer einfach, weil wir uns derartig an sie gewöhnt haben, dass wir sie unter Umständen gar nicht mehr registrieren. Wir benutzen sie so häufig und seit so langer Zeit, dass sie sich, ähnlich wie die Faulheitsreflexe, regelrecht in unsere Persönlichkeitsstruktur eingegraben haben.

Außerdem kommen viele Ausreden in der Verkleidung vernünftig klingender Begründungen daher, was die Sache noch komplizierter macht.

Wenn es Ihnen nicht zu dumm ist, können Sie Ihre drei favorisierten Ausreden hier eintragen:

1. _____

2. _____

3. _____

Und wenn Sie Ihren mutigen Tag haben, könnten Sie mal ein paar Freunde und Bekannte fragen, wie die Ihr Ausredenpotenzial einschätzen. Das wird zwar vermutlich nicht der schönste Tag in Ihrem Leben werden, aber vielleicht ein guter Tag für Ihre Arbeitsfähigkeit.

Wenn Sie schließlich Ihre Ausreden identifiziert haben, müssen Sie erst einmal: gar nichts tun. Stellen Sie nur fest, welche Ausrede Ihr persönlicher Hit ist.

Beobachten Sie dann in aller Ruhe, in welchen Situationen diese Ausrede in Ihrem Reden und Denken auftaucht. Lassen Sie sich Zeit. Unternehmen Sie nichts. Wiegen Sie die Ausrede in Sicherheit.

Und dann, wenn Sie genau wissen, wo sie sich am liebsten zeigt, und wann sie aus dem Dickicht hervorbricht, um über Ihre Lippen zu springen, dann – benutzen Sie sie einfach nicht.

Ja.

Die Ausrede will hinaus, aber Sie lassen sie nicht.

Falls Ihnen reines Schweigen Beklemmungen ver-
ursacht, sprechen Sie statt ihrer einen anderen
Satz, wobei es gleichgültig ist, was für einen, solange der nicht auch Ausredencharakter hat.

Lautet also Ihre Lieblingsausrede: „Mein Gott,
bin ich müde" oder „Mir ist so schlecht" oder „Ich
habe eine dicke Depression", dann sagen Sie statt
dessen: „Kein Problem!" oder „Ja, das müsste gehen" oder einen anderen Satz, der Ihnen sprech-
bar erscheint, und der einen bejahenden Charak-
ter hat.

Möglicherweise wird es Ihnen vorkommen, als
würden Sie sehr schematisch reagieren oder gar
lügen – und das stimmt natürlich. Tun Sie es trotzdem. Wir haben schon so oft gelogen, um Arbeit
zu vermeiden, dass wir es jetzt ruhig mal für den
gegenteiligen Zweck tun können.

Hilfreich ist auch der sogenannte „Äh-Trick".
Dabei geht es um das füllende „Äh", das viele
Menschen in ihre Rede mixen. Rethoriklehrer
empfehlen jedes Mal zu schlucken, wenn sie „Äh"
sagen wollen. Also: Benutzen Sie die Ausrede
nicht. Sagen Sie von mir aus „Äh" – aber am besten schlucken sie beides zusammen gleich wieder
runter.

Falls das nicht auf Anhieb funktioniert, hier ein
weiterer Trick aus der gleichen Quelle: Drehen
Sie den Spieß um. Hilft das Schlucken nicht, werden die ‚Äher' nämlich aufgefordert das „Äh" so

oft wie möglich zu benutzen. Also könnten auch Sie, wenn denn nichts anderes hilft, Ihre Ausrede dauernd aufsagen – bei jedem möglichen und unmöglichen Anlass. Quatschen Sie sie einfach tot. Irgendwann wird sie Ihnen zum Hals raushängen. Das sieht zwar nicht schön aus, verleidet aber auch der Ausrede den Spaß an der Sache.

Wenn Sie das erfolgreich hinter sich gebracht haben, wenden sie sich der nächsten Ausrede zu und wiederholen das Ganze.

„Aber ich bin wirklich müde!"

Ja doch! Aber wir sprechen hier von Ausreden – also von nicht tatsächlich zutreffenden Gründen, die wir als Entschuldigung vorbringen, weil wir etwas nicht tun wollen.

Wenn Sie wirklich müde sind, dann müssen Sie ins Bett, und wenn Sie dauernd müde sind, dann müssen Sie zum Arzt. Und wenn der nichts findet – oder feststellt, dass Sie immer dann müde werden, wenn Sie mit der Arbeit anfangen wollen – dann haben Sie vielleicht ein Problem, dem Sie mit therapeutischer Hilfe beikommen können. Dann haben Sie die Ausrede vermutlich nicht erfunden, sondern erlebt.

Sie können das herausfinden, wenn sie wollen.

Und Sie können das ändern.

So, und damit ist die Serie zum Thema *Plöpp – oder Wie man es nicht schafft* beendet.

Wenden wir uns der Erlösung zu.

6. Das Wunder

Niemand weiß, wie weit seine Kräfte gehen,
bis er sie versucht hat.
Johann Wolfgang von Goethe

Keine Angst, ich will weder Wunder versprechen noch wirken. Ich will bloß an Wunder erinnern, und zwar an solche, die Sie vermutlich schon an sich selbst erfahren oder doch wenigstens bei anderen gesehen haben.

Diese Wunder geschehen vor allem bei Aufgaben, die an feste Zeiten gebunden sind, also bei Arbeiten mit festen Abgabe- oder Prüfungsterminen.

Die Situation ist folgendermaßen:

Der Termin rückt näher und näher.

Und wir tun: Nichts.

Wir denken aber daran, etwas zu tun. Wir denken sogar sehr oft daran. Wir tun aber trotzdem nichts.

Und der Termin rückt näher und näher.

Jetzt müssten wir wirklich so allmählich loslegen, sonst ist es zu spät, das wissen wir – bloß: Wir können nicht. Wir können nicht anfangen. Aber an die Arbeit denken, oh ja, das können wir! Das müssen wir sogar. Tag und Nacht müssen wir daran denken, wie schrecklich diese Arbeit ist und wie schrecklich es ist, dass wir noch immer nicht mit dieser schrecklichen Arbeit angefangen haben. Und allein schon dieses schreckliche „Daran-Denken" ist sooo anstrengend. Fast so anstrengend wie die Arbeit selbst.

Und der Termin kommt unaufhaltsam näher. Eine große, düstere Wand legt ihren Schatten auf uns.

Wir suchen verzweifelt nach einem Ausweg. Vielleicht können wir noch einmal Aufschub erbitten oder uns krank schreiben lassen? Vielleicht gelingt es uns sogar, wirklich krank zu werden. Oder wir fallen rechtzeitig eine Treppe hinunter und brechen uns ein Bein.

Aber irgendwann sind alle Aufschübe verbraucht, alle Ausreden benutzt und sämtliche Knochen gebrochen. Und es ist fünf vor zwölf.

Die Wand steht direkt über uns. Riesig.

Und dann passiert's:

Es gibt keine Aussicht mehr in der kurzen Spanne noch zu schaffen, was wir vor Wochen oder Monaten hätten beginnen müssen. Aber jetzt plötzlich, viel zu spät, springt der Motor an und wir beginnen zu arbeiten wie von Sinnen, Tag und Nacht, morgens und abends, stundenlang, ohne Pause. Voller Energie, voller Kraft und voller Willen!

Ein Wunder. Eben.

Viele kennen dieses Phänomen aus der Schulzeit, wo sie auf einmal in der Nacht oder am frühen Morgen doch noch anfingen, für die anstehende Klassenarbeit zu lernen. Zu spät natürlich, viel zu spät, aber dann eben doch.

Es gibt scheinbar eine Art psychologischen Wendepunkt, ab dem selbst wir gewohnheits-mäßigen Nichtstuer plötzlich arbeiten können.

Aber warum nicht schon früher, warum erst dann, wenn wir eigentlich schon keine Chance mehr haben?

Antwort: Weil der Druck groß genug war.

Es ist wirklich merkwürdig. Aber wenn der Druck groß genug ist, können selbst wir auf ein-mal arbeiten. Dann können selbst wir etwas tun, was uns vorher absolut unmöglich war. Und manchmal klappt es dann sogar auch noch, und wir bestehen die Prüfung, schaffen den Termin mit Ach und Krach – meistens aber nicht.

Meistens gehört das Glück den Tüchtigen, die rechtzeitig mit der Arbeit beginnen. Meistens ge-winnen jene rätselhaften Wesen, die kühl die not-wendige Arbeitszeit berechnen, einen Plan erstel-len, und ihn dann ohne zu zögern in der entspre-chenden Reihenfolge abarbeiten. Aber wir nicht. Wir fangen erst an – falls denn überhaupt – wenn es schon zu spät ist.

Es ist also nicht so, dass wir es nie könnten. In der letzten Phase, wenn der Zug eigentlich schon

abgefahren ist, können selbst wir manchmal arbeiten.

Weil genügend Druck vorhanden ist.

Und für Druck können wir sorgen.

Und das werden wir.

7. Die Disziplin

Der Himmel kommt niemals dem zur Hilfe,
der selbst nichts tut.
Sophokles

Woran denken Sie, wenn Sie das Wort Disziplin hören? An Disziplin, im Sinne von: Sparte der Wissenschaft oder des Sports? Oder sehen Sie sich in Uniform und Stiefeln auf dem Kasernenhof strammstehen, während ein auf Hitler getrimmter Unteroffizier Ihnen ins Gesicht brüllt, dass es nur so sprüht?

Dann geht es Ihnen ähnlich wie mir.

Ich denke: Disziplin riecht nach Faschismus.

Ja, tut mir leid, aber das fällt mir als erstes ein.

Disziplin riecht nach Faschismus.

Ich war immer davon überzeugt, dass „Tugenden" wie diese, in ihrer Übersteigerung, und die Menschen, die sie deutscherweise vertraten, Mitschuld tragen an der Entstehung des Nationalsozialismus.

Und das habe ich natürlich ausgenutzt.

Meine Gedankenkette funktionierte in etwa so:

„Disziplin ist ein Keim des Faschismus.

Faschismus ist etwas Böses.

Also ist Disziplin etwas Böses.

Wenn Disziplin etwas Böses ist,
dann ist das Gegenteil etwas Gutes.
Ein Gegenteil ist Faulheit.
Also ist Faulheit etwas Gutes".

Das war natürlich sehr praktisch. Denn so hatte ich – Simsalabim – eine Möglichkeit, mich meiner natürlichen Antriebslosigkeit hinzugeben und mich ausnahmsweise mal auf der moralisch richtigen Seite zu wähnen.

Natürlich ist das eine etwas holzschnittartige Darstellung, und ich nehme an, dass meine Sicht nicht von allen geteilt wird. Aber wenn Sie wirklich zur Zielgruppe dieses Buchs gehören, trete ich Ihnen wohl nicht zu nahe, wenn ich unterstelle, dass Sie wenigstens eine allgemeine Abneigung gegen den Begriff Disziplin verspüren. Und ich habe wohl bewiesen, dass ich dafür große Sympathie und tiefes Verständnis habe.

Aberrrrr:

Sie ahnen es längst, und hier kommt es dann auch:

Ohne Disziplin geht es nicht.

Ich sage das so ungern wie ich es höre, aber es ist leider wahr. Ohne Disziplin geht gar nichts. Möglicherweise ist Selbstdisziplin das passendere Wort, aber das klingt in meinen Ohren wie eine Tautologie – ein weißer Schimmel, auf dem dann doch wieder ein preußischer Soldat sitzt. Also bleibe ich bei dem Wort Disziplin.

Und sich in Disziplin zu üben, ist bei weitem nicht so schlimm, wie es auf den ersten Blick erscheinen mag. Denn kein Mensch ist gänzlich ohne Disziplin.

Jedesmal, wenn Sie es schaffen, sich aus dem Bett zu wälzen, ist das schon ein Akt der Disziplin. Und jedesmal, wenn Sie Ihre Kleidung anziehen, bevor Sie das Haus verlassen, ist das, neben dem Wunsch, die Öffentlichkeit nicht zu erregen, ebenfalls Disziplin. Und auch, wenn Sie sich die Zähne putzen, ist das ein Akt der Disziplin – selbst, wenn Sie es selten tun. Ab und zu tun Sie es immerhin und dann vermutlich nicht deswegen, weil Sie sich sagen: „Hach, jetzt hätte ich aber mal Lust, mir die Zähne zu putzen! Das wird ein Spaß!"

Sie tun es, weil Sie Ihr Kauwerkzeug erhalten wollen oder – wo Sie ja ohnehin vor Faulheit stinken – um nicht auch noch aus dem Mund zu riechen.

Kurzum: Sie tun es, weil es sein muss.

Und nichts anderes ist Disziplin.

Disziplin ist, wenn man's trotzdem macht.

Weil es sein muss.

Disziplin ist: etwas Notwendiges tun, auch wenn das meinen Trieben und Impulsen widerspricht. Arbeiten ist weder mein Trieb noch mein Impuls, und wenn ich trotzdem arbeite, dann ist etwas anderes stärker – einerseits die Einsicht in den Sinn und die Notwendigkeit meines Tuns, und andererseits der im vorigen Kapitel beschriebene Druck.

Es ist also nicht die Frage, ob wir Disziplin aufbringen oder nicht, sondern wieviel, wann und wozu.

Und es geht nicht um Selbstkasteiung und Kadavergehorsam. Es geht darum, diese alte Tugend zu entstauben, abzuschleifen und dann neu anzustreichen. Es geht darum, die ursprüngliche Ei-

genschaft aus Ihrer negativen Befrachtung zu lösen und uns zu Nutze zu machen. Wir brauchen
Disziplin – nur eben keine eiserne oder strenge,
sondern eine elastische und spielerische.

Wir gehen nicht auf den Exerzierplatz; wir gehen an die Arbeit.

Bald.

8. Arbeit – was ist das?

> Muße, nicht Arbeit,
> ist das Ziel des Menschen.
> *Oscar Wilde*

Bevor wir uns dem praktischen Teil von *Diszi-plin für Faule* zuwenden, müssen wir uns da-rüber klar werden, was wir unter dem Wort Arbeit verstehen. Viele Menschen wissen nämlich gar nicht, was Arbeit ist.

Das gilt vor allem für fleißige Menschen. Gera-de die Fleißigen haben keine Ahnung, was Arbeit bedeutet. Und wenn man sie danach fragt, ganz nüchtern und sachlich, reagieren sie beleidigt oder gar nicht, oder sie grummeln vor sich hin, das würde man schon merken, wenn man seinen Hintern endlich mal hochbekäme. Ersatzweise zitieren sie Definitionen wie diese aus Meyers Lexikon:

„Arbeit ist jede zielgerichtete, bedürfnisbefrie-digende und planmäßige Tätigkeit, bei der geis-tige und/oder körperliche Kräfte eingesetzt werden."

Das ist natürlich dummes Zeug.

„Arbeit ist große Anstrengung, Mühsal, Plage". Das ist die Wahrheit, und die steht im Duden.

Leicht zu begreifen und zu vermeiden, möchte man meinen, aber von wegen. Es ist faszinierend und erschreckend zugleich, mit welcher Bereitwilligkeit, Ausdauer und Verbissenheit normalintelligente Menschen, die sich genausogut in die Ecke setzen könnten, diese großen Anstrengungen, Mühsale und Plagen auf sich nehmen.

Sobald man sie auch nur einen Moment aus den Augen lässt, fangen sie an, ihre geistigen und/oder körperlichen Kräfte einzusetzen: Sie machen und tun, tackern und tippen, putzen und polieren, rechnen und radieren, mauern und makeln, denken und datieren – und, und, und.

Wenn man Pech hat, rufen Sie dabei Sätze wie „Arbeit ist das halbe Leben" und ähnlich jovialen Irrsinn, den man allenfalls mit Beileidstelegrammen beantworten kann. Ganz Verrückte behaupten sogar, dass Ihnen die Arbeit Spaß mache, oder dass sie sich durch sie selbst fänden und verwirklichten.

„Außerirdische" denken wir und fühlen uns einsam und isoliert. Aber zu unserem Trost gibt es ein paar dissidente Anthropologen, die – trotz anderslautender Behauptungen – die Ansicht vertreten, dieser Arbeitseifer läge keineswegs in der Natur des Menschen, sondern sei eine Krankheit unserer Zivilisation. Demnach war es nämlich keineswegs so, dass unsere Urahnen ununterbrochen durch die Frühzeit hetzten, Speere schnitzten,

Faustkeile schleuderten und Wurzeln suchten – um sich selbst zu finden, sondern vielmehr den Großteil ihrer Zeit damit verbrachten, herumzulungern, soziale Kontakte zu pflegen, um sich in aller Ruhe gegenseitig zu lausen, zu lieben oder aufzufressen.

Unsere Definition könnte lauten: Arbeit ist eine ziellose, unbefriedigende und sinnlose Tätigkeit, bei der geistige und/oder körperliche Kräfte vergeudet werden, während man genauso gut mit einer Tüte Chips vor dem Fernseher liegen könnte.

Aber leider, leider, leider – nutzt uns das alles nichts, weil wir ja eine Aufgabe zu erledigen haben. Was wir brauchen, ist ein für uns passendes Verständnis dessen, was Arbeit ist, und eine faulheitsgerechte Herangehensweise.

Deswegen sollten wir den Begriff „Arbeit" sehr weit fassen. Es geht nicht um begriffliche Logik oder Wahrheit, sondern darum, die Hemmschwellen abzusenken und den Weg, der vor uns liegt, möglichst bequem zu gestalten.

Mein Vorschlag: Statt zu arbeiten, sollten wir uns „der Arbeit widmen".

Ich weiß – das klingt bescheuert. Aber Sie können die Räucherstäbchen wieder ausmachen: Das gehört alles zu dem großen wohldurchdachten Plan, den Sie vollkommen zu Recht hinter diesem harmlosen Büchlein vermuten.

Ich will beschreiben, worin der Unterschied besteht, und warum es Sinn macht, diesen Begriff zu gebrauchen:

Wenn wir für einen Augenblick unseren Realitätssinn ausschalten und uns der närrischen Vorstellung hingeben, Sie hätten beschlossen, eigenhändig Ihre Küche zu streichen und würden das dann auch ohne zu zögern tun, würde sich die Frage stellen, ab welchem Zeitpunkt man davon reden könnte, dass Sie tatsächlich arbeiten.

Was gehört dazu, was nicht? Womit und ab wann beginnt diese Arbeit namens „Küche streichen"?

Wenn Sie feststellen, dass Sie das Blümchenmuster nicht mehr ertragen? Wenn Sie sich fragen, ob schimmelgrün oder pilzgrau die bessere Tarnfarbe für schmutziges Geschirr ist? Wenn Sie überlegen, welchen Bären Sie den Bankangestellten aufbinden könnten, um an Geld zu kommen? Wenn Sie Ihr Auto betanken, um ins Einkaufsparadies zu fahren? Wenn Sie Farben und Abdeckplanen in den Einkaufswagen wuchten? Wenn Sie den Einkauf ins Haus schleppen? Wenn Sie den Türrahmen abkleben und die Schalter abmontieren? Falls denn. Oder wenn Sie tatsächlich zum ersten Mal mit der tropfenden Rolle über die Wand fahren und die Spinnweben einzementieren?

Was würde zu dieser Arbeit gehören und was nicht? Und vor allem: Ab wann könnte man sagen, dass Sie wirklich angefangen haben zu arbeiten?

Ja, ich weiß: „Das ist doch ganz einfach ... öh".

Genau.

Wenn wir uns entscheiden, uns „der Arbeit zu widmen", gehört jeder dieser Schritte dazu. Das bedeutet, dass wir auch die Vor-, Nach- und Nebenprozesse mitwerten.

Wenn ich mich an den Arbeitsplatz begebe, in der Absicht, mich meiner Aufgabe zu widmen – mich also mit meiner Arbeit zu beschäftigen – zählt für mich schon mein bloßes dortiges Vorhandensein als Arbeit, gleichgültig, was ich zustande bringe.

Auch wenn Sie das Ganze hirnverbrannt finden, bitte ich Sie, es mal mit diesem erweiterten Arbeitsbegriff zu probieren.

Ich werde versuchen, Sie davon zu überzeugen, dass das wirklich funktioniert, und auch Sie zu Ergebnissen kommen werden, von denen Sie früher allenfalls geträumt haben.

Mir kann das eigentlich egal sein, weil ich mit Sätzen wie dem vorherigen immer noch einen Job als Hausierer bekommen könnte. Und natürlich könnten ausgerechnet Sie der- oder diejenige sein, bei dem oder der es nicht funktioniert.

Aber auch wenn Sie es schon tausendmal geschafft haben, es nicht zu schaffen: Das ist kein Beweis dafür, es nicht schaffen zu können.

Und was hätten Sie davon?
Schließlich sind Sie nicht blöd, sondern faul.

9. Der Plan

Das ist der Arbeit heiliger Krieg!
Mit uns das Volk! Mit uns der Sieg!
M. Kegel „Sozialisten-Marsch"

Nachdem wir unsere Aufgabe formuliert, die Faulheitsreflexe erkannt, die Ausreden eliminiert und den Begriff „Arbeit" definiert haben, wenden wir uns jetzt dem praktischen Teil von *Disziplin für Faule* zu.

Keine Angst – es ist ein ganz einfaches, leicht verständliches Programm, vollkommen undramatisch und eher schlicht als genial – aber es funktioniert.

Ich gebe Ihnen zunächst eine allgemeine Übersicht. Im weiteren Verlauf des Buches folgen die Varianten, Besonderheiten und Abweichungen.

Also: Für die Normalfaulen lauten die drei wesentlichen Probleme:

1. Wie schaffe ich es, anzufangen?
2. Wie schaffe ich es, weiterzumachen?
3. Wie schaffe ich es, die Sache zu Ende zu bringen?

Das erste Problem ist zugleich das schwierigste und wichtigste. Den meisten von uns gelingt es nicht, sich dem jeweiligen Arbeitsplatz auch nur zu nähern, geschweige denn, mit der Arbeit zu beginnen. Wir verbrauchen unsere Energie statt dessen beim Kreisen in gedanklichen Warteschleifen oder mit Selbstbeschimpfungen.

Sollten wir es wider Erwarten doch mal schaffen, mit der Arbeit zu beginnen, befällt uns nach kürzester Zeit das dringende Bedürfnis, einen mehrmonatigen Erholungsurlaub anzutreten.

Und selbst wenn wir diese Impulse ignorieren und weitermachen, ist es doch äußerst unwahrscheinlich, dass wir solange dabei bleiben, bis die Arbeit erledigt ist.

Und das alles ist völlig normal für jeden halbwegs ernsthaft faulen Menschen. Wir sind es einfach nicht gewohnt – weder, an die Arbeit zu gehen, noch bei der Arbeit zu bleiben, und auch nicht, eine Arbeit zu Ende zu führen. Vermutlich befürchten wir, dass jedes andere Verhalten uns in eine ernsthafte Identitätskrise stürzen würde.

Oder können Sie sich vorstellen, täglich zehn Stunden zu arbeiten? An sieben Tagen in der Woche? Auch an Wochenenden und Feiertagen?

Wohl kaum.

Oder neun Stunden an sechs Tagen in der Woche? Ohne Pause?

Auch nicht.

Acht Stunden an fünf Tagen?

Nein.

Sieben Stunden an vier Tagen?

Nö.

Zehn Minuten pro Woche?

Wie?

Zehn Minuten pro Woche?

Schon besser, vermutlich.

Bleiben wir also bei diesem Beispiel.

Nehmen wir einmal an, Sie träfen die Entscheidung, sich pro Woche zehn Minuten „Ihrer Aufgabe zu widmen".

Stellen Sie sich das mal vor.

Wie Sie sich widmen.

Machen Sie ruhig dabei die Augen zu. Aber schlafen Sie nicht ein.

Und sagen Sie: „Ja!"

Sie können es auch denken, das ist egal, aber entscheiden sie sich dafür. Jetzt.

Zehn Minuten.

Nur als Beispiel.

Das schaffen Sie.

Es geht darum, eine bestimmte Arbeitseinheit innerhalb eines bestimmten Zeitraums festzulegen, wobei es zuerst mal eine sehr kleine Einheit sein sollte, die dem Umfang der Arbeit vielleicht nicht angemessen erscheint. Aber am Anfang geht es darum, anzufangen. Und es ist wichtig, klein anzufangen – mit einem Aufwand, von dem wir wissen, dass wir ihn relativ leicht bewältigen können.

10. Sado – Maso – Selbstbestrafung

> „Strafe muss sein" sprach der Lehrer
> und fraß den Kindern die Butterbrote weg.
> *Verfasser unbekannt*

Sich etwas vorzunehmen, ist leicht. Es dann auch auszuführen, ist schwer. Das gilt ganz besonders für uns, die wir allein den Sirenengesang hören, der von allem erklingt, auf das man sich setzen oder legen kann.

Wenn Sie mit den Kapiteln *Das Wunder* und *Die Disziplin* etwas anfangen konnten, werden Sie zugeben, dass es einen gewissen Druck braucht, damit wir an die Arbeit gehen.

Denn so altmodisch wie der Begriff „Disziplin" ist, so altmodisch sind auch die Art und Mittel, mit denen Disziplin üblicherweise durchgesetzt wird; nämlich mit der Festlegung von Regeln und der Anwendung von „Motivationshilfen" – um es einmal vorsichtig auszudrücken.

Und da Sie ein Buch gekauft haben, in dessen Titel das Wort „Disziplin" vorkommt, wird es Sie nicht überraschen, dass es jetzt, nachdem wir uns mit der Festlegung der Regeln schon kurz beschäftigt haben, um die Androhung von Sanktionen gehen wird.

Ja, wirklich.

Und damit meine ich keine sublimen Formen der Selbstkasteiung oder irgendwelche pädagogischen Besserungsgebete, sondern die direkte und unmissverständliche Androhung eines empfindlichen Übels.

Bleiben Sie ruhig. Lesen Sie weiter. Es passiert Ihnen nichts; zumindest nichts, das Sie nicht selbst wollen. Denn niemand, außer Ihnen, wird bestimmen, mit welchem Mittel Sie sich motivieren werden.

Es handelt sich um eine Sanktion, die wir nur mit einem Ziel ins Spiel bringen: sie *nicht* anzuwenden. Ihr einziger Sinn besteht darin, Druck zu erzeugen. Damit wir an die Arbeit gehen, bei der Arbeit bleiben und die Arbeit zu Ende bringen.

Wie wär's zum Beispiel mit einer Geldstrafe? Mit einer dicken, fetten, saftigen Geldstrafe? Das ist ganz leicht: Sie legen einfach einen Betrag fest, den Sie bei Nichterfüllung Ihres Versprechens verlieren.

Nehmen Sie eine Summe, die Ihnen etwas bedeutet und deren Verlust Ihnen weh tun, Sie aber nicht ruinieren würde.

Um unser Beispiel fortzuführen, setze ich mal zweihundert Euro ein. Das hieße also, dass Sie sich entweder zehn Minuten in der Woche Ihrer Aufgabe widmen oder zweihundert Euro los sind.

Aber wie?

Schmeißen Sie die weg? Verbrennen Sie die?

Nein.

Was dann?

Ganz einfach:

Wenn Sie Ihr Versprechen nicht erfüllt haben, geben Sie das Geld einem Freund oder einer Freundin, und der oder die macht sich dann einen schönen Abend und haut es auf den Kopf.

Genauer:

Bevor Sie mit der Arbeit beginnen, treffen Sie mit einem Freund oder einer Freundin eine entsprechende Vereinbarung – am besten schriftlich. Und dieser Freund oder diese Freundin, die ich im weiteren „Toni" nenne, damit ich nicht immer „Freund oder Freundin" schreiben muss, bekommt von Ihnen einen Zettel auf dem etwa Folgendes steht:

Ich widme mich zehn Minuten pro Woche meiner Aufgabe (   ), sonst zahle ich zweihundert Euro an Toni.

Alternativ können Sie das Geld auch an eine wohltätige Organisation adressieren, sollten Toni aber auch in diesem Fall ein schriftliches Versprechen überreichen. Zum Beispiel:

*Ich widme mich zehn Minuten pro Woche meiner Auf-
gabe (   ), sonst zahle ich zweihundert Euro an
die Heilsarmee.*

Diese Spende sollte natürlich unabhängig von Ihrer sonstigen Wohltätigkeit erfolgen – also, aus
einsichtigen Gründen, nicht etwas sein, das Sie
schon immer mal tun wollten.

Äußerst motivationsfördernd sind übrigens
auch Spenden an Organisationen, die man ab-
lehnt. So hat sich eine faule Freundin, deren Toni
ich bin, als Empfängerin ihrer eventuellen Spende
eine politische Partei ausgesucht, die ganz und gar
nicht zu den von ihr favorisierten Gruppierungen
gehört. Seitdem arbeitet sie wie ein Pferd. Denn
bei einem eventuellen Scheitern müsste sie nicht
nur das Geld an diese Partei übergeben, sondern
womöglich sich auch selbst.

Falls Sie Geld für ein ungeeignetes Motivationsmittel halten, können Sie auch nichtmateriel-
le Sanktionen wählen und sich zum Beispiel ver-
pflichten – wiederum am besten ganz offiziell und
schriftlich – im Falle der Nichterbringung der ver-
sprochenen zehn Minuten bei Toni die Wäsche zu
waschen, die Fenster zu putzen, den Boden zu wi-
schen, den Rasen zu mähen – und so weiter.

Sie können auch noch ganz andere, skurrile
Vereinbarungen treffen, aber dazu kommen wir
später. Jetzt geht es erst mal um die Standards.

Sie sollten jedenfalls darauf achten, dass es nichts ist, das Sie gerne tun, sondern etwas, das Sie so gerade noch tun können, ohne Ihre Selbstachtung zu gefährden. Unser Beispiel könnte jetzt so aussehen:

Ich widme mich zehn Minuten pro Woche meiner Aufgabe (   ), sonst putze ich sämtliche Fenster in Tonis Wohnung und poliere alle Wasserhähne und Türklinken.

Toni hat übrigens nicht die Funktion, Sie zu kontrollieren. Es geht nicht um Toni. Natürlich ist es schön, wenn Ihr Freund oder Ihre Freundin sich dafür interessiert, wie Sie in der fremden Welt der Arbeit zurechtkommen. Aber es geht nicht darum, ob Toni findet, dass Sie Ihr Versprechen gut oder schlecht oder überhaupt erfüllen. Das müssen Sie allein beurteilen. Und falls Sie dabei jemanden belügen müssen, dann am besten sich selbst.

Toni hat auch nicht die Funktion, Ausreden entgegenzunehmen. Toni kann Ihnen keine Absolution erteilen. Wenn Sie sich irgendwann sagen hören, dass die Vereinbarung diesmal ausnahmsweise nicht gilt – weil Sie totalen Stress oder keine Zeit hatten oder einfach zu geschafft waren oder irgendwie total fertig oder krank oder weil Sie auf einmal gemerkt haben, dass dieses Reglement autoritär und repressiv ist oder so etwas in der Art – dann legen Sie sich am besten gleich wieder hin und vergessen die Sache. Oder Sie lesen noch mal den Abschnitt *Die hohe Kunst der Ausrede*.

Falls Sie wissen, dass Sie nächste Woche umziehen werden oder dergleichen, setzen Sie Ihre Vereinbarung solange außer Kraft und sagen *vorher* Toni Bescheid.

Nehmen Sie sich jetzt ein wenig Zeit und entscheiden Sie, welche Sanktion materieller oder nichtmaterieller Art für Sie sinnvoll ist. Sie soll, wie gesagt, unangenehm genug sein, um Sie davon abzuhalten, Ihr Versprechen zu brechen; aber nicht so unangenehm, dass Sie Schaden an Leib oder Seele nehmen könnten.

Zuckerbrot oder Peitsche?

Vermutlich vermissen Sie Vorschläge, die sich mit
Belohnungen statt mit Strafen beschäftigen. Und
da ich ohnehin dabei bin, meinen Schafspelz zu
lüften, kann ich auch gleich zugeben, dass ich
nicht an Belohnungen glaube; vor allem nicht an
solche, die man sich selbst verspricht; und erst
recht nicht an solche, die faule Menschen sich
selbst versprechen.

So eine Belohnung könnte ja nur dann Sinn haben, wenn sie etwas darstellt, das wir unbedingt wollen und uns leisten können. Aber einen solchen Wunsch werden wir uns früher oder später ohnehin erfüllen – und sei es nur als Trost dafür, dass wir es nicht geschafft haben, unser Versprechen einzuhalten.

Es ist aber ganz sinnlos, sich selbst die Mohrrübe vor die Nase zu hängen. Wir wären uns ununterbrochen der Tatsache bewusst, dass wir der blöden Möhre gar nicht hinterherlaufen müssen, sondern sie jederzeit wieder abmontieren und auffressen könnten. Und genau das würden wir auch tun.

Anders steht es mit Belohnungen durch andere.

Damit meine ich nicht das Pferd für die wohlerzogene Tochter, oder das Auto für den gelungenen Sohn, versprochen anlässlich des Abiturs oder dergleichen. Das sind Anreize für normale und arbeitsfähige Menschen, die es ohnehin können und die durch dergleichen kaum zu motivieren sind, zumal Pferd und Auto vermutlich dem sozialen Stand und Erwartungshorizont entsprechen.

Ich meine die Märchenprinzbelohnung: Wenn Sie aschenputtelarm sind, und plötzlich taucht ein Prinz auf und verliebt sich unsterblich in Sie (was natürlich auch einem Mann passieren kann) und verspricht Ihnen, aus Gründen, die wir nicht verstehen müssen, ein Schiff oder eine Villa am Meer, für den Fall, dass Sie Ihre Aufgabe erledigen, dann könnte ich mir vorstellen, dass eine Belohnung funktioniert.

Aber nur dann.

Und daran glaube ich nicht.

Ich glaube an die Peitsche, nicht an das Zuckerbrot. Aber leider ist es nicht vollkommen ausgeschlossen, dass ich unrecht habe. Probieren Sie Belohnungen aus, wenn Sie anderer Meinung sind. Falls es klappt: Glückwunsch. Falls nicht – lesen Sie dieses Kapitel noch einmal, und versuchen Sie es mit einer süßen, kleinen Selbstbestrafung.

11. Aufgaben mit oder ohne Termin

Niemand hetzt andere so wie die Faulen
wenn sie ausgefaulenzt haben,
damit sie fleißig erscheinen.
François La Rochefoucauld

Bevor wir unsere endgültige Vereinbarung festlegen, müssen wir uns noch einmal mit der Arbeitszeit beschäftigen.

Auch wenn die in dem bisherigen Beispiel genannten zehn Minuten pro Woche für viele realistischer sind als man auf den zweiten Blick meinen möchte, hängt die jeweilige Arbeitszeit natürlich von der Art der Aufgabe ab – und davon, ob ihre Erledigung an einen Termin gebunden ist.

Sollten Sie zum Beispiel vorhaben, das Klavierspielen oder eine asiatische Kampfkunst zu erlernen, die Hecke zu schneiden oder die Arche Noah aus Streichhölzern nachzubauen, und dabei keinem zeitlichen Druck ausgesetzt sein, dann können Sie durchaus mit einmal zehn Minuten pro Woche zurecht kommen – oder mit einmal fünf Minuten pro Woche, oder zweimal zehn oder dreimal zwanzig oder einmal sechzig oder mit irgend einer anderen Variante.

Wichtig ist, dass Sie überhaupt eine Arbeitszeit festlegen; am besten eine, die Sie mit Leichtigkeit bewältigen können, und die Ihnen keine zu große Angst einjagt.

Falls Sie denken, dass so kurze Arbeitszeiten für Ihr Projekt nicht ausreichen, und dass es sich auf diese Art gar nicht erst lohnt, überhaupt anzufangen, stellen Sie sich einfach vor, Sie hätten in den letzten fünf Jahren pro Woche jeweils zehn Minuten darauf verwendet, sich Ihrer Aufgabe zu widmen. In diesem Fall wären Sie Ihrem Ziel schon ein erhebliches Stück näher gekommen. Und außerdem hindert Sie ja nichts daran, mehr zu arbeiten.

Die Sanktion sollte allerdings, abgesehen von den erwähnten Einschränkungen bezüglich Ihres geistigen, seelischen und körperlichen Wohlbefindens, durchaus schwerwiegend sein, damit Sie Ihre Vereinbarung ernst nehmen.

Anders sieht die Sache aus, wenn Sie einen festen Termin haben, an dem Sie zum Beispiel Ihre Diplomarbeit abgeben oder Ihre Prüfung ablegen müssen. Dann ergibt sich der zu vereinbarende Aufwand logischerweise aus diesem Termin – beziehungsweise: ergäbe sich. Denn wir reagieren ja nicht logisch und schon gar nicht rechtzeitig. Üblicherweise sehen wir den Zeitpunkt auf uns zukommen und warten wie gelähmt darauf, dass es zu spät ist. Wie gehabt.

Und je länger wir warten, desto schlechter fühlen wir uns. Die Schmerzen der Faulheit haben ja leider die unangenehme Angewohnheit sich zu potenzieren, während die Schrecken der Arbeit verblassen, sobald man wirklich beginnt, sich ihr zu widmen.

Wenn Sie eine Aufgabe mit einem festen Termin haben, sind zehn Minuten pro Woche natürlich ein Witz. Auf der anderen Seite ist es mehr als nichts – und damit möglicherweise mehr, als Sie bislang getan haben. Für den Fall, dass Sie trotz des Termins noch keinen Schlag getan haben, sollten Sie ruhig mit ganz kleinen Schritte anfangen.

Denn es geht ja um das Anfangen.

Vielleicht können Sie diese kurzen Arbeitsphasen dazu nutzen, eine realistische Zeitplanung zu entwickeln. Ihre vorläufige Aufgabe bestünde also darin, sich für beispielsweise zehn Minuten der Erstellung eines Zeitplans zu widmen.

12. Der erste Schritt

Selbst eine Reise über tausend Meilen
beginnt mit dem ersten Schritt.
Laotse

Jetzt, da wir uns dem Kern der Sache auf Sicht-
weite genähert haben, wird es eventuell noch
einmal eng. Wenn Sie nun zum erstenmal mit
jungfräulicher Bejahung an Arbeit denken, fährt
Ihnen vermutlich ein gewaltiger Schreck in die
Glieder, wenn Ihnen bewusst wird, was Sie da
vorhaben. Ihr Kopf wird Katastrophenalarm aus-
lösen und Sie mit einer Sturmflut von Ausreden
und Faulheitsreflexen überschwemmen. Auch
Schüttelfrost und Fieberwallungen sind nicht un-
gewöhnlich. Es kann sogar sein, dass Ihnen halb-
nackte Sklaven und Sklavinnen ins Bild springen,
die, verschwitzt und in Ketten, haushohe Stein-
quader durch die Wüste schleifen. Bei näherem
Hinsehen werden Sie feststellen, dass diese be-
dauernswerten Menschen alle Ihre Gesichtszüge
tragen.

Aber lassen Sie sich davon nicht beirren. Das
ist nur eine Spielerei Ihres Reptilienhirns, das einen Machtverlust befürchtet und selbst dann noch
versucht, den Status quo zu verteidigen, wenn ei-

ne Änderung Ihr seelisches Wohlbefinden verbessern würde.

Was wir in dieser Situation brauchen, sind Engstirnigkeit und Phantasielosigkeit. In diesem Fall ist unser Vorstellungsvermögen unser Feind. Ja. Wir müssen unserem Geist Scheuklappen anlegen und unseren Blickwinkel verengen.

Es ist wie bei dem Kartoffelberg – zugegebenermaßen ein etwas abgegriffenes Bild. Aber es drückt das Wesentliche so genau aus, dass ich es trotzdem benutzen möchte. Also:

Die Aufgabe liegt vor uns wie ein großer Berg. Und dieser Berg besteht aus Kartoffeln. Und die müssen Sie schälen. Alle.

Es ist ein richtiger Berg, wohlgemerkt, keine Anhöhe und kein Hügel, sondern ein ausgewachsener Riesenberg. Und der tut genau das, was man von ihm erwartet: Er türmt sich auf. Und je näher wir ihm in kartoffelschälerischer Absicht treten, desto höher und unüberwindlicher erscheint er uns.

Jetzt der Trick:

Versuchen Sie nicht, den Berg zu schälen.

Nehmen Sie eine einzige Kartoffel und schälen Sie die.

Das ist das ganze Geheimnis.

Man schält nur diese eine Kartoffel – spielt nur diesen einen Ton, strickt nur diese eine Masche, hackt nur dieses eine Stück Holz, spült nur diesen einen Teller, schlägt nur diesen einen Nagel in die Wand, räumt nur diese eine Tasse weg, putzt nur einen Streifen des Fensters – und so weiter.

Backen Sie nur ein ganz kleines Brötchen.

Zerlegen Sie die Arbeit, zerteilen Sie sie. Sehen Sie nicht auf das große Ganze, sondern immer nur den kleinstmöglichen Teil. Schauen Sie weder nach links noch rechts und auch nicht nach vorn.

Und tun Sie nicht, was ich gerade getan habe: Schauen Sie auch nicht zurück. Ich habe nämlich so ganz nebenbei die vorhandenen Seiten gezählt und festgestellt, dass dieses Manuskript erst 59 Seiten lang ist. Niemals wird daraus … – doch!

Weil ich ja nur diesen Satz schreiben muss.

Und vielleicht noch diesen.

Und dann noch diesen.

Und so weiter.

Und es ist eine auch für mathematisch Unbedarfte unumstößliche Tatsache, dass ich ein ganzes Buch „zusammengesatzt" haben werde, wenn ich das regelmäßig tue. Den Beweis halten Sie (hoffentlich) jetzt in den Händen.

Es ist ganz einfach.

Ich schreibe nur diesen einen Satz,

nur dieses Wort,

nur diesen Buchstaben,

nur diesen Punkt

.

13. Das Formular

Kurz ist der Schmerz,
und ewig ist die Freude.
Friedrich Schiller

So, liebe Faule und Faulinen – Sie haben jetzt schon mehr als die Hälfte des Buches gelesen. Ich gratuliere Ihnen und hoffe, dass Sie einigermaßen motiviert und abgehärtet sind, denn jetzt wird es ernst.

Es ist Zeit, sich festzulegen.

Nachdem Sie dieses Kapitel zu Ende gelesen haben, sollten Sie Ihre endgültige Vereinbarung fixieren – also eine Ihrer Aufgabe und Situation angemessene Arbeitszeit, sowie eine Ihrer Persönlichkeit entsprechende Sanktion oder Belohnung festlegen.

Das sollten Sie auch dann tun, wenn Sie zu den Seligen gehören, die bei den beispielsweise zehn Minuten pro Woche bleiben können, weil Sie keinen Termin und auch sonst keine Eile haben. Geben Sie Ihrem Vorhaben trotzdem eine Struktur, sonst ist das Ganze so schnell vergessen wie ein Silvestervorsatz.

Da die meisten Aufgaben jedoch eine längere Arbeitszeit erfordern, werde ich ab jetzt ein anderes Beispiel benutzen, und zwar eins, das mir sehr vertraut ist, weil ich es anwende, um mich dazu zu bringen, dieses Buch zu schreiben.

Meine Ausgangssituation ist diese: Ich habe bislang weder einen Termin noch einen Verleger, möchte das Manuskript aber bis zum Ende des Jahres abschließen. Mir bleiben noch knapp zwei Monate.

Aus der Erfahrung mit anderen Schreibarbeiten weiß ich, dass ich in einer Woche zwei bis sechs Seiten zusammenbringe. Und das heißt, dass ich ausreichend schnell vorankomme, wenn ich mich an fünf Tagen pro Woche je zwei Stunden meiner Arbeit widme. Das ist ein Zeitaufwand, den ich meistere, der mir aber dennoch gelegentlich ein Höchstmaß an Disziplin abfordert.

Meine komplette Vereinbarung lautet:

Meine Aufgabe ist: *Disziplin für Faule* zu schreiben. Ich widme mich dieser Arbeit an fünf Tagen in der Woche je zwei Stunden, sonst bekommt mein Freund Günter, alias Toni, fünfhundert Euro, die er dann vollkommen sinnlos verschleudern wird, was ich ihm keineswegs gönne.

Da ich meine Schlitzohrigkeit kenne, habe ich zudem festgelegt, dass ich im Falle des Scheiterns meine Buße am darauffolgenden Montag zu erledigen hätte, und dass diese Vereinbarung eine

Laufzeit bis zum 1. Januar hat. Sie erlischt, falls ich mein Vorhaben vorher beendet haben sollte, was ich für relativ unwahrscheinlich halte.

Und so sieht meine Vereinbarung in Formular-form aus:

Ziel:	Schreiben
Aufgabe:	*Disziplin für Faule* verfassen
Arbeitszeit pro Tag:	2 Stunden
Arbeitstage pro Woche:	5
Sanktion/en:	500 € zahlen
zu leisten an:	Günter
Zeitpunkt:	spätestens am darauffolgenden Montag
Sonstiges:	…
Gültig bis:	einschließlich 1. Januar 2001

Als ich die Vereinbarung festlegte, dachte ich übrigens, dass ich auch an den zwei freien Tagen arbeiten würde, aber das passiert nur selten. Es gibt immer mal Zeiten, in denen ich es mir leiste, es nicht zu schaffen oder zu können oder zu wollen, weil ich müde bin, oder verstimmt, oder faul, oder verreisen muss, und so weiter und so weiter.

Zwei Stunden an fünf Tagen in der Woche ist für viele Aufgaben eine sehr brauchbare Regel. Wenn Sie aber kurz vor einer schweren Prüfung stehen oder in ein paar Monaten Ihre Dissertation abgeben müssen, dann kommen Sie in Bereiche, die von unserer Gesellschaft als normale Arbeitszeiten angesehen werden. Dann werden es wohl eher vier oder sechs oder acht oder mehr Stunden – an fünf, sechs oder sogar sieben Tagen pro Woche.

Wenn möglich sollten Sie aber versuchen, Ihre Regel niedrig anzusetzen. Es geht um das Anfangen. Es geht um Ausdauer. Und es geht darum zu erfahren, dass es überhaupt geht. Legen Sie die Latte nicht zu hoch, damit Sie nicht unter ihr durchspringen. Fangen Sie ganz klein an. Vielleicht tatsächlich mit zehn oder sogar nur fünf Minuten pro Woche. Wenn Sie erst einmal die Erfahrung machen, dass Sie tatsächlich arbeiten, wird es Ihnen leichter fallen, sich mit jeweils neuen Vereinbarungen zu der notwendigen Zeit zu steigern.

Sinnvollerweise sollte eine neue Vereinbarung immer erst dann festgelegt werden, wenn die vorherige erfüllt ist, und natürlich sollten wir uns nicht selbst veralbern, indem wir feststellen, dass wir es diese Woche nicht schaffen, dafür aber nächste Woche das Doppelte oder übernächste das Dreifache tun werden oder dergleichen.

Nehmen Sie die Vereinbarung ernst. Fangen Sie klein an. Mehr tun können Sie immer. Wichtig ist, dass Sie nicht weniger tun.

Hier ist ein Formular, das Sie benutzen können, um Ihre Vereinbarung zu beschreiben. Sie können Ihren Text natürlich genausogut selbst verfassen, wenn Ihnen das lieber ist. Machen Sie jedenfalls eine Kopie für Ihren Toni und erklären Sie, wie und worum es geht.

Ziel: _____

Arbeitszeit pro Tag: _____

Arbeitstage pro Woche: _____

Sanktion/en: _____

_____

zu leisten an: _____

Zeitpunkt: _____

Sonstiges: _____

Gültig bis einschließlich: _____

Unterzeichnet am _____ von: _____

14. Lust und Leid

> Wenn man nach sechs Jahren zum ersten Mal
> die Fenster putzt, fragt man sich natürlich:
> Oh Gott, was werden wohl die Nachbarn denken?
> *Anonym*

Nachdem es bisher darum ging, uns dem Arbeitsplatz überhaupt zu nähern und uns mit dem Gedanken an Arbeit vertraut zu machen, beschäftigt sich der folgende Teil mit den fremdartigen Zuständen, in die wir während des Arbeitens geraten können, mit den Hindernissen in uns und mit den Varianten bei Verträgen und Motivationsmitteln.

Ich denke, dass sich die meisten Faulen mit den nachfolgenden Kapiteln identifizieren können. Nur muss das nicht zwangsläufig immer und für alle der Fall sein. Nehmen Sie einfach, was auf Sie zutrifft, und ignorieren Sie den Rest.

Aber Vorsicht!

Wir dürfen nicht vergessen, dass wir anders sind als die anderen. Wir haben Hintern aus Blei, wir leiden an einer schweren Arbeitsallergie, und wir kennen nur ein Gesetz: das der Trägheit.

Deshalb ist es nur logisch, dass unser Unterbewusstsein versucht, vermeintlichen Schaden – also

Arbeit – von uns fernzuhalten, wobei es eine erstaunliche Vielfalt an Tricks und Torturen produziert.

So fasste ich vor einiger Zeit den Entschluss, ein neuer Mensch zu werden. Ich legte meine alten Gewohnheiten ab, meine Regel und Sanktion fest und widmete mich mit Inbrunst meiner Aufgabe. Und tatsächlich arbeitete ich fast eine Woche lang ohne größere Probleme. Aber dann begann ich darüber nachzugrübeln, an welchem Tag ich eigentlich angefangen hatte.

War es Dienstag gewesen? Mittwoch? Donnerstag? Freitag? Ich wusste es nicht mehr. Und um so intensiver ich mich mit dieser Frage beschäftigte, um so schlechter konnte ich mich auf meine Arbeit konzentrieren. Bald beherrschte mich die Angst, entweder meine Regel zu brechen, oder – was mir schlimmer erschien: versehentlich zuviel zu arbeiten.

Daraus ergaben sich drei Konsequenzen:

Erstens beginnt meine Arbeitswoche seitdem unmissverständlich am Montag und endet mit einschließlich Sonntag. Ich lasse keine Ausnahmen zu und muss mich deswegen nicht mit ihnen beschäftigen.

Zweitens entscheide ich mich in Zweifelsfällen immer dafür, eher zuviel zu arbeiten als zu wenig. Das tat ich auch in der beschriebenen Situation. Und da mein Unterbewusstsein jetzt mit dieser

Reaktion rechnet, taucht das Problem kaum noch auf.

Drittens habe ich meine Sanktion, die bis dahin bei zweihundertfünfzig Euro lag, nach dieser Geschichte verdoppelt. Da ich mit dem Gedanken gespielt hatte, lieber zu bezahlen als möglicherweise einen Tag zuviel zu arbeiten, war die Drohung offensichtlich zu schwach.

Aus den gleichen Gründen wie bei dem erwähnten Beispiel sollten auch Beginn und Ende des gewerteten Arbeitstags klar definiert sein.

Vorschlag: Der Arbeitstag – also der Zeitraum, innerhalb dessen ich zum Beispiel meine 2 Stunden leisten muss – reicht vom Aufstehen bis zum Schlafengehen, bezieht sich somit nicht auf Tages- oder Uhrzeiten. Das hat den „Vorteil", dass ich auch noch mitten in der Nacht arbeiten kann, wenn es sein muss.

Beginn und Ende der eigentlichen Arbeit, beziehungsweise des „Widmens", stellen sich je nach Aufgabe natürlich unterschiedlich dar, lassen sich aber, wie schon beschrieben, an ein paar Punkten festmachen:

Ich habe begonnen, mich der Arbeit zu widmen, wenn ich:

• mich an meinem Arbeitsplatz befinde,
• mein Werkzeug bereit habe – also das Lehrbuch aufgeschlagen, den Pinsel in der Hand,

die Computerdatei geöffnet, die Motorsäge
startklar habe, und vor allem:

- nichts anderes tue.

Wenn diese Punkte – und vielleicht weitere, die
Sie je nach Aufgabenstellung selbst hinzufügen –
erfüllt sind, dann sind Sie an der Arbeit, ganz unabhängig von der Menge und Qualität dessen,
was Sie zustande bringen.

Eine weitere Erfahrung hat sich in der ab jetzt so
genannten Anti-Stückel-Regel niedergeschlagen.

Diese besagt:

Als eingehaltener Arbeitstag gilt nur der komplette Zeitraum. Das heißt in meinem Fall: 2 Stunden sind 120 Minuten – nicht 119 oder 115 oder
wie viele auch immer. Ich darf nicht zerteilen und
zusammenfügen, nicht also etwa morgen die feh-
lenden Minuten von heute nacharbeiten, um den
heutigen Tag anzurechnen.

Da bleibt mir oft nichts anderes als weiterzumachen, weil andernfalls die ganze Arbeit – soweit es die Regel betrifft – umsonst gewesen wäre.
Das wirkt bei mir Wunder. Andererseits ist es mir
auch schon passiert – in den seltenen Phasen
plötzlicher Arbeitswut – dass ich an Tagen gear-
beitet habe, an denen ich nur 30 Minuten Zeit hatte, mithin also nie „in die Wertung" kommen
konnte. Und trotzdem habe ich es getan. Bedenk-
lich, ich weiß. Andererseits ist das ein gutes

Zeichen, denn keine dieser Regeln soll uns dazu verleiten, auch nur eine mögliche Minute nicht zu arbeiten.

Der Spaß, den es ja gar nicht macht

Die erste Reaktion eines meiner zum Versuchs-karnickel mutierten Freunde war eine Beschwer-de: „Das macht ja überhaupt keinen Spaß!"

Diese Aussage hat mich einigermaßen ver-blüfft. Immerhin hatte dieser Mensch tatsächlich angefangen, etwas zu tun. Und immerhin war er bis dahin so lethargisch gewesen, dass ihn viele schon für tot gehalten hatten. Und immerhin sprach er von Disziplin und Arbeit.

Faulheit entsteht ja nicht ohne Grund, sondern folgerichtig. Faulheit entsteht aus dem uralten Wissen um das Leid und die Mühsal, die mit Ar-beit verbunden sind. Und in allen voll entwickel-ten Faulen sollte sich ein Teil dieses Urwissens be-finden – dachte ich.

Aber falsch gedacht.

Dieser Freund wusste es jedenfalls nicht, son-dern erfuhr es unter Qualen und strebte danach, einen Schuldigen zu finden.

Aber ich hatte ihm wirklich keinen Spaß ver-sprochen – und verspreche ausdrücklich auch Ih-nen keinen. Ich verspreche nur, dass Sie Ihre Auf-gabe erledigen werden, wenn Sie meine Vorschlä-ge befolgen.

Sonst nichts.

Wenn man eine Zeit lang arbeitet und sich zunehmend daran gewöhnt, dann kann ein solches Gefühl durchaus vorkommen, aber es gibt keinen Anspruch darauf.

Schließlich trägt dieses Buch den Titel: *Disziplin für Faule* und nicht: *Disziplin, die Faulen Spaß macht* oder *Fun für Faule* oder *Bock auf Arbeit für faule Säcke*.

Und dafür gibt es einen Grund: Disziplin macht keinen Spaß. Meistens nicht.

So sieht's aus, liebe Hedonisten. Es geht um Arbeit, nicht um Spaß; zumindest nicht gleichzeitig und nicht garantiert.

Und falls Sie sich jetzt fragen, woher dieser etwas gereizte, fast schon aggressive Unterton kommt, der so gar nicht zu meinem heiteren und gelassenen Wesen passt, dann erklärt der sich damit, dass ich etwas gereizt und aggressiv *bin* – wofür Sie natürlich nichts können, was mich aber nicht daran hindert, es an Ihnen auszulassen.

Denn, wenn Sie glauben, dass ich jetzt – am Donnerstag, 6. November 2000 um 23.56 Uhr – SPASS! dabei empfinde, am Schreibtisch zu sitzen, dann täuschen Sie sich.

Ich bin unkonzentriert, habe Mühe mit dem Denken, tippe immer nur grob in die Richtung der zu treffenden Tasten und muss dann korrigieren, weil ich natürlich dauernd daneben haue. Langsamkeit wäre jetzt effektiver. Gut. Ich tippe B u c h s t a b e für Buchstabe, ganz langsam. Keine

Fehler, bis jetzt. Zwischndurch denke ich – „zwischendurch" muss es natürlöich heißen, muss ich neu schreiben, weil ich doch wieder zu schnell wurde. Tja, jetzt ist mir entfallen, was ich zwischndurch denke. Dafür hat „natürlöich" das Licht der Welt erblickt. Glückwunsch den Eltern. Aber, was denke ich zwischendurch? Zwischendurch denke ich gar nichts. Und vorher und nachher denke ich auch nichts. Mir brennen die Augen, ich fühle mich wie erschlagen – und ich möchte jemanden erschlagen. Aber wen? Es ist keiner da. Ich bin mutterseelenallein. Außerdem tun mir der Hintern und der Rücken weh, und ich kann mich kaum auf dem Stuhl halten. Ich möchte den Kopf auf den Schreibtisch legen und auf der Stelle einschlafen.

Ich habe also momentan keinerlei Spaß und auch keine Lust, mich meiner Arbeit zu widmen. Aber ich tue es trotzdem; einmal, um Ihnen von meinem Heldentum berichten zu können, und vor allem, um meinem Toni-Günter, der sich schon die geldgeilen Hände reibt, mit denen er mein kostbares Einkommen aus dem Fenster werfen will, jeden möglichen Spaß zu verderben.

Es ist jetzt 23.58 Uhr. Und ich habe noch 33 Minuten vor mir.

Ich quäle mir die Minuten ab und befolge unter großem inneren Wehgeschrei meine eigene Regel, nämlich wenigstens irgend etwas zu tun, das mit meiner Aufgabe zusammenhängt, mich also meiner Aufgabe zu widmen. Und das heißt bei meiner Art von Arbeit: einfach drauflos zu schreiben. Nur dieses Wort, und noch dieses, und dieses. Ich hoffe, dass so die Zeit schneller vergeht und vielleicht doch ein brauchbarer Satz herausspringt.

Es muss jedenfalls keineswegs Spaß machen.

Aber, ich muss es machen.

Nach einigem hin und her ist es jetzt immerhin 00.23 Uhr. Ich werde jetzt mal im Zitatenbuch unter „Spaß" nachsehen, aber vielleicht sollte ich eher das Fremdwörterbuch nehmen.

00.25 Uhr.

Unter „Spaß" nichts Brauchbares, allenfalls:

Aus Spaß wird ernst. Na ja.

Ich sehe mal unter „Freude" nach.

00.27

Auf Freud folgt Leid.

Ich dachte: Jung. Haha.

Au wei.

00.28

Es ist eine ernste Sache um die echte Freude

Wohl wahr.

00.28

Freude schöner Götterfunken.

„Tochter im Delirium" haben wir im Musikunterricht weitergesungen.

00.29

Kurz ist der Schmerz, und ewig ist die Freude. Ich könnte schwören, es ist genau anders herum. Aber dieser Satz gefällt mir. Den werde ich vorne einfügen, vielleicht in „Das Formular".

00.31 Na, Gott sei Dank.

Der Zweifel und das Scheitern

Da Sie Arbeit nicht gewohnt sind, sollten Sie damit rechnen, dass Widerstände auftauchen, sobald Sie es tatsächlich schaffen, zu arbeiten. Seien Sie darauf gefasst, dass Sie irgendwann – ohne Vorwarnung, aber wie von der Tarantel gestochen – aufspringen werden, weil Sie zu erkennen wähnen, dass alles, was Sie bis dahin zustande gebracht haben, vollkommener Mist ist.

Alles!

Die Zweifel werden über Sie herfallen wie eine Horde halbverhungerter Paviane. Sie werden, unter lautem Gekreische und Gejohle, Ihren Glauben an Ihr Ziel und an Ihre Aufgabe in Fetzen reißen, das zarte Pflänzlein Ihres neu erwachten Arbeitseifers in Grund und Boden stampfen und Ihnen schließlich, wenn Sie schon längst an der Berechtigung Ihrer Existenz zweifeln, die nackten roten Hinterteile entgegenstrecken.

Und dieser Überfall wird vielleicht gerade dann stattfinden, wenn Sie sich fragen, ob es nicht doch Spaß macht und Sie anfangen, darüber nachzusinnen, ob die Bezeichnung „faul" jemals wirklich auf Sie zugetroffen hat.

Und dann hören Sie vielleicht ein altbekanntes „Plöpp".

Und dann geht gar nichts mehr.

Keine Götter, keine Funken – nichts.

Jetzt Vorsicht:

Heben Sie langsam die Hände, und entfernen Sie sie vom Arbeitsgerät. Sofort. Nehmen Sie die Finger von der Computertastatur, der Skulptur, dem Gemälde, dem halbfertigen Möbel. Legen Sie Stift, Hammer, Pinsel, Schraubenzieher und Stricknadeln beiseite, und bringen Sie Ihre Arbeit vor sich selbst in Sicherheit.

Jetzt hilft nur eins: warten.

Selbst in so einer verqueren, dumpfen Phase beschäftigt sich das Unterbewusstsein mit dem Thema, fahndet nach Lösungen, sucht nach Wegen und findet möglicherweise die entscheidende Alternative oder wenigstens die Energie, noch mal darüber nachzudenken.

Betrachten Sie das als Bestandteil des „sich Widmen".

Es kann sein, dass wir genau dieses Tief brauchen, damit morgen oder übermorgen die alles entscheidende Idee oder der notwendige Energieschub kommt.

Es geht um ein meditatives, scheinbar absichtsloses Umschleichen des Problems. Und natürlich geht es um das Loslassen.

Sitzen Sie einfach nur da, und tun Sie gar nichts. Tun Sie aber auf jeden Fall: nichts anderes. Allenfalls beschäftigen Sie sich für eine Weile mit ein paar Neben- und Fleißarbeiten, die ohnehin irgendwann in Zusammenhang mit Ihrer Aufgabe erledigt werden müssen. Verbringen Sie stumpf ihre Zeit am Arbeitsplatz, egal ob etwas dabei „herauskommt", oder nicht.

Ich bin der Mittelgrößte!

Die Ursachen für Zweifel und Unsicherheiten sind so zahlreich und vielschichtig, dass der Versuch einer eingehenden Klärung den Rahmen dieses Buches und meiner Fähigkeiten sprengen würde. Aber ich will das Thema ein wenig streifen.

Eine mögliche Ursache könnte darin bestehen, dass wir zu Anfang schlicht die falsche Entscheidung getroffen haben. Wenn es mit der Arbeit mal nicht so vorwärtsgeht, taucht irgendwann zwangsläufig die Frage auf, ob wir mit unserem Ziel, und dementsprechend mit unserer Aufgabe, die richtige Wahl getroffen haben.

Falls Sie zum Beispiel vorhaben, eine erstklassige Bankräuberin zu werden, es aber nicht mal schaffen im Supermarkt einen Deo-Roller zu stehlen, ohne sich entweder erwischen zu lassen oder sich monatelang in Schuldgefühlen zu wälzen, sollten Sie sich statt dessen vielleicht mal über die Aufnahmeprüfung bei der Polizei informieren.

Und wenn Sie seit Monaten wie ein Irrer Männchen malen, statt für das Staatsexamen zu büffeln, das Sie bräuchten, weil Sie die Kanzlei Ihres Vaters übernehmen wollen, um ein noch erfolgreicherer Anwalt zu werden – dann überlegen Sie doch mal, ob Sie nicht lieber Kampfhunde züchten sollten.

Und so weiter.

Die Infragestellung unseres Ziels und der jeweiligen Aufgabe kann notwendig sein. Sie ist aber auch riskant, weil sie ein paar sehr verführerische Ausreden bietet. Denn Zweifel an der Grundsatzentscheidung tauchen am liebsten dann auf, wenn es mit der Arbeit ernst wird. Also Vorsicht: Vielleicht wollen Sie wirklich eine erstklassige Bankräuberin oder ein noch erfolgreicherer Anwalt werden.

Natürlich können sich die Probleme auch ganz anders darstellen. Zum Beispiel habe ich noch keinen lebendigen Menschen getroffen, der „gar nichts" gekonnt hätte – aber erstaunlich viele, die diese universale Unfähigkeit für sich in Anspruch nahmen und mit Vehemenz und großem Starrsinn gegen jeden Widerspruch verteidigten. Das immerhin konnten sie also schon mal, womit der Gegenbeweis eigentlich erbracht war.

Aber wenn unser Selbstbewusstsein und unsere Eigenliebe im Keller sind, interessieren uns solche Feinheiten natürlich nicht mehr. Dann interessiert uns nur noch, was wir *nicht* können, was wir *nicht* schaffen, was wir *nicht* haben, was wir *nicht* erreichen. Dann sind die Beleidigungen anderer lahme Kalauer gegen das, was wir uns selbst vorwerfen. Kein anderer Mensch ist in der Lage und bereit, uns so destruktiv, so erbarmungslos, so unnachsichtig und so niederträchtig zu kritisieren wie wir selbst. Und wenn wir mit uns fertig sind und uns endlich mal all das gesagt haben, was wir immer schon mal loswerden wollten – auch die ganz gemeinen und grausamem Sachen – ist es ziemlich logisch, dass wir kein besonders erfreuliches Selbstbild mehr haben und unsere Motivation im Eimer ist.

Aberrrrr:

Es ist keineswegs logisch daraus abzuleiten, dass wir dann nicht mehr arbeiten könnten.

Der Arbeit ist unsere Motivation nämlich ganz egal. Die Arbeit will getan werden – und zwar genauso wie vereinbart. Wenigstens erwartet sie, dass der Mensch, ob mit schönem oder hässlichem Selbstbild, sich ihr widmet.

Also: Egal wie es Ihnen geht – schaffen Sie Ihren Hintern an den Arbeitsplatz; der Rest folgt von selbst. Vielleicht haben die besseren Gefühle gerade Urlaub und tauchen nach getaner Arbeit gut erholt und bestens gelaunt wieder auf.

Nur wenn Sie ernsthafte psychische Probleme haben – und das zweifelhafte Glück, diese zu bemerken – sollten Sie die Arbeit beenden. Anschließend sollten Sie den Problemen aber nicht dabei zusehen, wie sie Ihnen über den Kopf wachsen, sondern sich fachliche Hilfe suchen.

Das kann auch bei weniger massiven Schwierigkeiten sinnvoll sein, etwa wenn bestimmte Verhaltensmuster Sie an der Arbeit hindern.

Wenn es Ihnen zum Beispiel immer wieder passiert, dass Sie Hunger bekommen, sobald Sie arbeiten wollen, woraufhin Sie in die Küche gehen und etwas essen, woraufhin Ihnen so schlecht wird, dass Sie nicht mehr arbeiten können – dann haben Sie ein Problem, über das sich so mancher Therapeut aufrichtig freut.

Das gilt auch für Migräneanfälle, Herzstiche und andere somatische Effekte. Diese müssen natürlich keineswegs immer dann auftreten, wenn wir uns dem Arbeitsplatz nähern. Möglicherweise wird Ihnen schon schlecht, wenn Sie nur an die Arbeit denken; möglicherweise bekommen Sie aus heiterem Himmel Kopfschmerzen, ohne zu ahnen, dass die den Zweck haben, Ihre Arbeitskraft zu schonen.

Natürlich geschieht dergleichen nicht ohne Grund. Vielleicht haben wir Angst vor dem Versagen, vor Fehlern oder vor dem Erfolg. Die Ursachen liegen in den unendlichen Weiten der menschlichen Psyche – und da bleiben sie auch, soweit es dieses Buch betrifft.

Alltägliche Minderwertigkeitsgefühle, depressive Verstimmungen, Sinnkrisen und was sonst noch im Begleitzug leichter bis mittelschwerer Neurosen mitgeführt wird, liefert jedenfalls keinen ausreichenden Grund dafür, uns von der Arbeit abzuhalten. Dergleichen haben andere Menschen auch, und die arbeiten trotzdem. Die meisten Neurotiker und Neurotikerinnen funktionieren sogar ganz hervorragend, was ein Zeichen dafür sein mag, dass unsere ganze Gesellschaft krank ist. Und falls es Ihr erklärtes Ziel ist, die Welt zu retten und Ihre aktuelle Aufgabe darin besteht, zunächst mal diese Gesellschaft zu erneuern, haben Sie sicher viel zu tun.

Dann haben Sie aber vermutlich kein zu geringes Selbstwertgefühl, sondern sind vielleicht genial und gehören zu der Spezies der sogenannten

Hybridfaulen, deren Problem nicht ist, dass Sie nichts können, sondern dass Sie alles können – aber nichts tun.

Falls Sie also ein Genie sind, sollten Sie sich davon nicht weiter stören lassen. Es gibt viele Genies unter uns. Nur bleiben die meisten unerkannt, weil sie zu faul sind, ihre Weisheiten auszusprechen oder aufzuschreiben.

Wie dem auch sei – fest steht: Auf der breiten Skala zwischen Größenwahn und Minderwertigkeitsgefühlen gibt es jede Menge Platz für Fehleinschätzungen.

Deswegen mein Tipp:

Versuchen Sie nicht die Größte oder der Beste zu sein; und nicht der Kleinste oder die Schlechteste; und nicht der Schönste oder die Hässlichste; und nicht die Schlauste oder der Dümmste.

Bleiben Sie auf dem Teppich.

Widmen Sie sich Ihrer Aufgabe.

Und schauen Sie sich um,

ob Sie jemand hören kann,

und wenn nicht:

murmeln Sie Sätze wie diese vor sich hin:

„Ich bin der Mittelgrößte!"

„Ich bin die Bestmögliche!"

Das reicht.

15. Die Vertragsvarianten

Nicht das, was wir beginnen, zählt,
sondern das, was wir fertig bringen.
Emil Oesch

Die Verträge und Sanktionen lassen sich natürlich auf vielfältige Weise gestalten. Wenn Sie sich innerhalb klarer Regeln sicherer fühlen, dann bleiben Sie bei denen, die Sie bis jetzt kennengelernt haben. Wenn Sie experimentieren wollen, können Sie alternative Vertrags- und Sanktionsformen entwickeln. Denn es geht natürlich nicht darum, stur irgendwelchen Vorschlägen zu folgen; es geht darum Regeln zu installieren, die für Sie funktionieren. Warum Sie arbeiten, ist völlig gleichgültig – wenn Sie nur arbeiten.

Beginnen wir mit den Vertragsvarianten.

Da wäre zum Beispiel:

Der kleine Vertrag für zwischendurch

Diese Variante hat sich zwischen mir und einem faulen Freund entwickelt. Wir treffen uns regelmäßig, und bei der Verabschiedung entwickelt sich meist noch ein kurzer Dialog wie dieser:

„Und machst du heute noch was?"

„Ja."

„Wie viel?"

„30 für 100. Und du?"

„90 für 200."

Oder so ähnlich.

Wie Sie schon ahnen, liebe Mitfaule, handelt es sich hier um ein kleines Faulheitsvermeidungsfachgespräch, in dem die Arbeitszeiten und die jeweilige Finanz-Sanktion für diesen Abend festgelegt worden sind.

Diese gewissermaßen aus der Hüfte heraus abgeschlossenen Sonderverträge kann man neben den anderen Aufgaben und Vereinbarungen einrichten. Manchmal gehen sie nur über dreißig oder zehn Minuten, aber sie haben den Vorteil, dass man keine Zeit hat, sich vorher Gedanken über die Qualen der anstehenden Arbeit zu machen. Und als Belohnung hat man schließlich mehr getan als ursprünglich geplant.

Neben dieser Variante gibt es noch die:

Verträge mit variablen Laufzeiten

Eine faule Freundin hat sich auf 3 Tage à 30 Minuten je Woche festgelegt, aber die Sonderregel installiert, dass sie, wenn sie das nicht schafft, es spätestens in 2 Wochen erledigt haben muss. Sie darf also, statt sich pro Woche der Arbeit an 3 Tagen mit je 30 Minuten zu widmen, in der 2. Woche 6 Tage à 30 Minuten arbeiten.

Das widerspricht natürlich sämtlichen Regeln, wie auch insbesondere der erwähnten Anti-Stückel-Regel, aber was soll ich sagen: Bei ihr funktioniert es.

Meine jüngere Schwester, die ebenfalls schriftstellerisch tätig ist, macht es wieder anders. Sie legt ihre Sanktion fest, und sagt mir, Toni, dann, wie viele Seiten sie bis wann geschrieben haben wird – und tut es dann auch. Ich könnte sie dafür umbringen, weil ich so niemals arbeiten könnte, aber sie kann – und vielleicht können auch Sie?

Kommen wir schließlich zur Königsklasse der Vertragsvarianten, und das ist:

Der Vertrag mit sich selbst

Bekanntermaßen ist man mit sich selbst nicht immer in der besten Gesellschaft, aber wer nicht übermäßig zum Selbstbetrug neigt, kann es durchaus auch mal mit sich selbst als Vertragspartner versuchen.

Während einige Probanden für diese Variante schwärmen, weil sie sich dabei so unglaublich frei und selbstbestimmt fühlen, hat sie bei mir nicht funktioniert. Ich habe sie allerdings auch nur einmal ausprobiert, was daran liegen mag, dass sie meine weniger erfreulichen Charaktereigenschaften hervorhob.

Es geschah irgendwann im August, in einer sehr heißen Nacht. Kurz nach Mitternacht wurde ich größenwahnsinnig und beschloss, noch 90 Minuten zu arbeiten, obwohl es eigentlich einer meiner freien Tage war.

So ganz traute ich meinem Enthusiasmus nicht. Es war aber niemand zur Stelle, mit dem ich einen Vertrag hätte schließen können. Also tat ich es mit mir selbst. Einfach so. Per Handschlag. Obwohl ich frei hatte und es unglaublich heiß war.

Kurz nach dieser Entscheidung entdeckte ich irgendwo unterhalb der Zimmerdecke ein glühendes Licht, das sich schließlich als eine Kreuzung aus Lorbeerkranz und Heiligenschein auf meinen

Kopf herabsenkte. Und in dieser Sekunde erkannte ich die ganze Wahrheit:

Der Vertrag mit mir selbst ist die höchste Form der Disziplin!

Das sah ich deutlich vor mir und begann zu arbeiten.

Nach zwanzig Minuten fiel mir ein, dass ich vergessen hatte, eine Sanktion festzulegen. Ich wollte es nachholen, konnte mich aber einfach nicht dazu durchringen. Vielleicht eine übersteigerte oder natürliche Form des Selbsterhaltungstriebs? Vielleicht eine Abwehr masochistischer Phantasien? Wer weiß.

Nach weiteren zehn Minuten lag ich im Bett. Die Hitze spielte bei der ganzen Angelegenheit übrigens keine Rolle. Ich erwähnte sie nur, um davon abzulenken, dass ich es schlicht und einfach nicht auf die Reihe bekommen habe.

Aber das heißt nicht, dass es Ihnen genauso gehen muss.

Probieren Sie es aus. Andere schwören darauf. Vielleicht ist es genau das, was Sie brauchen.

16. Die Sanktionsvarianten

> Wenn das Glück den Menschen wohl tun will,
> so blickt es sie mit drohenden Augen an.
> *William Shakespeare*

Der Zweck der Sanktionen besteht, wie gesagt, nicht in ihrer Anwendung, sondern in ihrer Vermeidung. Die Idee ist, dass die Strafe nicht vollzogen, sondern die Aufgabe erledigt und das Ziel erreicht wird.

Jetzt soll es darum gehen, ein wenig zu variieren und zu experimentieren. Zum Beispiel mit dem Modell:

Vorkasse

Eine Verwandte, die sich gut genug kennt, um nicht alles zu glauben, was sie sich verspricht, hat mir die vereinbarte Geldsumme vorher gegeben – also bevor sie überhaupt mit der Arbeit beginnen wollte. Sie bekommt das Geld zurück, wenn sie ihre Vereinbarung erfüllt hat. Wenn nicht, kriegt's der Tierschutzverein.

Falls Sie sich selbst auch nicht so ganz trauen, sollten auch Sie Toni das Geld vorher zu treuen Händen geben und vereinbaren, dass Sie es erst nach der sündenfreien Erfüllung Ihres Versprechens wiedersehen.

Ein anderes Beispiel könnte heißen:

Strafarbeit

Ein Freund hat eine Stapelvariante der Selbstdisziplinierung erfunden.

Er sagt: „Ich verspreche, heute noch eine Stunde zu arbeiten. Sollte ich das nicht tun, muss ich morgen zwei Stunden lang Unterlagen für das Finanzamt sortieren. Und falls ich das auch nicht tue, muss ich zweihundert Euro an die Stiftung Warentest spenden."

Dieses System erfordert natürlich ein gutes Gedächtnis oder eine genaue Niederschrift. Und man kann es natürlich bis in alle Unendlichkeit weiterführen und dabei durchdrehen. Aber er hat seinen Spaß daran.

Den verspricht übrigens auch die Methode:

Lasst Blumen sprechen

Diese Sanktion passt gut zum *Vertrag mit sich selbst* und zu *Der kleine Vertrag für zwischendurch*, funktioniert aber auch als „normale" Sanktion und ist auf jeden Fall das positivste Mittel, das ich anzubieten habe.

Lasst Blumen sprechen funktioniert so: Sollten Sie Ihre Regelung nicht eingehalten haben, müssen Sie „zur Strafe" einem Freund oder einer Freundin, oder wem auch immer, ein Geschenk machen – zum Beispiel einen Blumenstrauß im Wert von zwanzig Euro.

Das ist eine äußerst beziehungsstärkende Variante, bei der man sich allerdings gut überlegen sollte, ob man den Grund für das Geschenk in jedem Fall darlegen will.

Und dieses Modell lässt sich noch weiter variieren. Sie könnten sich auch folgendes vornehmen:

Wenn Sie Ihre Aufgabe erfüllen, verschenken Sie Blumen im Wert von zwanzig Euro. Wenn Sie es nicht schaffen: Blumen im Wert von fünfzig Euro.

Kommen wir zu der Passage, die mir beim Schreiben am meisten Spaß gemacht hat. Sie trägt den Titel:

Skurrile Strafen und Belohnungen

Da wir Faulen uns ohnehin in einem abnormalen Zustand befinden sobald wir arbeiten, können wir auch gleich Motivationsmittel entwickeln, die diesem Irrsinn Rechnung tragen.

Ich werde hier nur ein paar Anregungen geben, um Sie auf den Geschmack zu bringen, bin mir aber sicher, dass Sie diese Liste danach weiterschreiben und auf Ihre persönlichen Bedürfnisse ausrichten können, wenn Sie das wollen.

Die Vorschläge sind zum Teil etwas schräg und sollten daher nur von Menschen befolgt werden, denen an einer ordnungsgemäßen Lebensführung nicht übermäßig gelegen ist. Ich übernehme jedenfalls keinerlei Verantwortung, sondern weise Sie darauf hin, dass Sie auch mit den bereits vorgestellten Motivationsmitteln prima zurechtkommen werden. Falls Sie aber ein wenig über die Stränge schlagen wollen, könnten Sie, im Falle der Nichterfüllung Ihrer Regel zum Beispiel:

• keine Blumen schenken, sondern eine angefaulte Banane oder eine kaputte Lichtmaschine – und aushalten, dass man Sie für verrückt hält.

• eine Woche lang die „falsche" Tageszeitung lesen.

- einen Tag oder eine Woche lang Ihr Kraftfahrzeug ausschließlich im Parkverbot abstellen.
- einen Tag oder eine Woche lang Ihr Kraftfahrzeug nicht benutzen.
- einen Tag oder eine Woche lang Tee statt Kaffee, Kakao statt Tee usw. trinken.
- eine Woche lang ausschließlich Ihre Lieblingsspeise essen.
- ein sehr langweiliges Buch kaufen und durchlesen.
- wildfremden Menschen Liebeserklärungen machen.
- sich eine Glatze rasieren.
- falls Sie in der Firma für gewöhnlich einen Anzug tragen, mal im Jogging-Anzug oder einem Minirock auftauchen. Und jeweils umgekehrt.
- Musik hören und Filme gucken, die Ihnen ernsthafte Pein bereiten.
- am Arbeitsplatz übernachten.
- Ihren Hund kämmen oder baden.
- den Hund eines Bekannten kämmen oder baden.
- jemandem die Füße küssen.
- einen Tag freiwillig für eine Ihnen verhasste Partei oder Organisation arbeiten.
- durch die Stadt gehen und Müll aufsammeln.
- mit Ihrem laut aufgedrehten Radio auf der Schulter eine Runde durch die Stadt gehen – falls Sie das sonst nicht tun.

- auf wildfremde Menschen zugehen und rufen: Bist du es wirklich …? Und dann eine Geschichte erfinden, in der es um Faulheit geht.
- …

- …

- …

- …

Nachwort

Ich wünsche Ihnen, dass Sie es schaffen. Und ich wünsche mir, dass dieses Buch dazu beigetragen hat, und sei es nur als Gegenpol. Denn auch das gibt es. Manche Menschen, die ich einer verbalen Kurzmissionierung unterzogen habe, fingen an zu arbeiten wie von Sinnen, nur, um mir zu beweisen, dass sie solche albernen Regelungen nicht brauchen. – Auch eine Möglichkeit.

Falls Sie noch nicht mit der Arbeit begonnen haben, könnten Sie jetzt damit anfangen. Widmen Sie sich Ihrer Aufgabe für zehn Minuten, oder für dreißig, oder für wie viel auch immer. Fangen Sie an! Jetzt!

Wenn Sie schon mitten in der Arbeit stecken, werden Sie möglicherweise erfahren, dass das Formale und Kontrollierende etwas in den Hintergrund tritt. Das ist in Ordnung, solange die Erfüllung Ihrer Aufgabe und die Erreichung des Ziels wahrscheinlich bleibt.

Durch den berechtigten Stolz auf das Tun und das Getane kann allerdings ein ganz unberechtigter, da verfrühter, Wunsch nach Erholung entstehen. Denn, wenn wir Faulen einen Nagel in die Wand geschlagen haben, kommen wir uns vor, als hätten wir ein ganzes Haus gebaut.

Sobald Sie merken, dass sie anfangen, Ihre Vereinbarung verletzen zu wollen, sollten Sie entweder eine neue Vereinbarung festlegen oder die bestehende Regel noch mal neu befestigen – und das vielleicht mit jemandem besprechen.

Ich könnte ein ganzes Gesetzbuch mit Ausnahmen, Ergänzungen und Kommentaren schreiben, aber das ist ein sehr deutscher Impuls, und ich werde ihn unterdrücken. Denn, wie gesagt: Es geht nicht um die Regel und nicht um Recht und Ordnung, sondern nur darum, einen Weg zu finden, die Arbeit zu tun.

Trotzdem sollten wir die Vorzüge der Faulheit nicht ganz aus den Augen verlieren. Denn das Leben ist ein Fluss, nicht wahr, und man muss nicht immer rudern. Man darf sich auch mal treiben lassen.

Also, widmen Sie sich Ihrer Arbeit, und halten Sie Ihre Regeln ein.

Aberrrrr:

Vergessen Sie nicht zu leben und zu genießen – trotz all der großen Anstrengungen, Mühsale und Plagen.

...

Kontakt

Wenn Sie mit dem Autor Kontakt aufnehmen möchten, wenden Sie sich bitte an den Verlag:

mvg-verlag
Lektorat
Fax: 0 81 91/125 320
www.mvg-verlag.de

Mein großer Dank für die fachliche Beratung und die freundschaftliche Begleitung, sowie für manchen Selbstversuch, gilt:

Carmen Ramos San Juan
Cornelia Gertz
Dieter Hellmann
Frank Eckloff
Frank Leyendecker
Günter Pütz
Herbert Krist
Katharina Henrich
Lothar Duda
Manfred Koslowski
Rita Gertz
Sabine Hellmann
Susanne Schulze

Stichwortverzeichnis

T

Z